Adalbert Schultze

Kaiser Leopold II. und die französische Revolution

Adalbert Schultze

Kaiser Leopold II. und die französische Revolution

ISBN/EAN: 9783744671415

Hergestellt in Europa, USA, Kanada, Australien, Japan

Cover: Foto ©ninafisch / pixelio.de

Weitere Bücher finden Sie auf **www.hansebooks.com**

KAISER LEOPOLD II.

UND DIE

FRANZÖSISCHE REVOLUTION.

Inaugural-Dissertation

ZUR

ERLANGUNG DER PHILOSOPHISCHEN DOCTORWÜRDE

DER

HOHEN PHILOSOPHISCHEN FAKULTÄT

DER

GEORG-AUGUSTS-UNIVERSITÄT

ZU GÖTTINGEN

VON

ADALBERT SCHULTZE

AUS HANNOVER.

HANNOVER.

DRUCK VON C. L. SCHRADER.

1899.

Tag der mündlichen Prüfung:

28. Oktober 1898.

Referent:

Herr Geh. Regierungsrat Prof. Dr. Max Lehmann.

Meinen lieben Eltern.

INHALT.

Kap. I.
Der Thronwechsel in Österreich und seine Folgen.

Als am 20. Februar 1790 der Tod der an Mühen reichen, an Erfolgen armen Regierung Josephs II. ein Ziel setzte, folgte dem kinderlosen Herrscher als Lenker der habsburgischen Lande sein Bruder, der bisherige Grossherzog von Toskana, Leopold II. Die Thronbesteigung des neuen Herrschers hatte eine völlige Wandlung in der inneren, wie äusseren Politik des österreichischen Staates zur Folge. Wenngleich beide Brüder, von der allgemeinen Strömung der Zeit fortgerissen, in hohem Masse „liberalen" Ideen huldigten, so gingen ihre Ansichten über die zur Verwirklichung dieser Ideen einzuschlagenden Mittel und Wege doch weit auseinander. „Der Liberalismus Josephs", sagt Ranke treffend,[1] „war von einer politisch-imperialistischen Natur, der Liberalismus Leopolds hatte eine konstitutionelle Färbung: er war selbst mit ständischen Verfassungen vereinbar."

Schon als Beherrscher von Toskana hatte Leopold seine liberalen Anschauungen zur praktischen Durchführung zu bringen versucht. Er verspürte nicht den Ehrgeiz in sich, nach aussen hin eine Rolle spielen zu wollen; nur in der Sorge für die Besserung der inneren Zustände seines Landes sah er seine Aufgabe. Von Mit-[2] und Nachwelt[3] ist die Regierung Grossherzog Leopolds mit Recht als eine der glücklichsten Zeiten

---

[1] Ranke: Die deutschen Mächte und der Fürstenbund II, S. 172, ferner: Reumont: Geschichte Toskana's seit dem Ende des florentinischen Freistaates II, S. 235.

[2] Ehrhard: Betrachtungen über Leopolds des Weisen Gesetzgebung zu Toskana. (1791.)

[3] Reumont: s. oben; F. Hirsch: Leopold II. als Grossherzog von Toskana, hist. Ztschr. Bd. 40 u. a.

I

Toskanas gepriesen worden. Sorel[1]) geht so weit, das von Leopold beherrschte Land unumwunden als das von allen europäischen Staaten vielleicht best regierte zu bezeichnen. Die Wohlfahrt seines Volkes zu fördern, war Leopolds eifriges Bestreben. Da gab es keinen Unterschied zwischen Arm und Reich; jeder, auch der geringste, sollte sich glücklich fühlen. Neue Strassen. der Hebung des Verkehrs dienend, wurden gebaut, Kanäle gegraben. verödete Landstrecken urbar gemacht, Sümpfe ausgetrocknet.

Auf alle Gebiete der Staatsverwaltung erstreckten sich Leopolds Neuerungen.[2]) Die Strenge der Kriminal-Gesetzgebung ward gemildert, es erschienen Edikte, durch welche die Todesstrafe, die Tortur, die Gütereinziehung aus dem toskanischen Gerichtsverfahren verbannt wurden: auch das Gefängniswesen wurde gebessert.[3]) Von einer Zensur gegenüber den Äusserungen der Presse war keine Rede.[4]) Die Regierung trug Sorge, dass nur diejenigen zu Richtern bestellt wurden. deren unbescholtener Charakter eine unparteiische Handhabung des Gesetzes verbürgte. „Denn", so lauteten Leopolds hochherzige Worte,[5]) „es ist Pflicht einer gerechten Regierung gegen das Volk, allgemein bekannt zu machen, dass bei Bestrafung der Verbrechen ebenso wenig Nachsicht und Gunst, als Grausamkeit und Willkür stattfinde."

Alle Lehngerichtsbarkeit sollte aufhören, wie denn auch die Privilegien und Vorrechte Einzelner allmählich sämtlich abgeschafft wurden. Der Grossherzog selbst gab das Beispiel. und verfügte die Freigebung der Jagd und Fischerei[6]) in denjenigen Gebieten, die bisher der ausschliesslichen Benutzung seitens des Fürsten vorbehalten waren.

Grosse Verdienste erwarb sich Leopold auch durch die von ihm unternommene Umgestaltung der Gemeindeverfassung. „Der

---

[1]) Sorel: L'Europe et la Révolution française, I, S. 390; la Toscane possédait peut-être le meilleur gouvernement de l'Europe.

[2]) Der folgenden Darstellung sind vor allem die Werke von Reumont und Hirsch zu Grunde gelegt.

[3]) Ehrhard, S. 29.

[4]) Vgl. Hoffmann: Zensur und Pressfreiheit. S. 95.

[5]) Ehrhard, S. 81.

[6]) Ehrhard, S. 33.

bunten Mannigfaltigkeit, die in dieser Beziehung bisher in
Toskana geherrscht hatte. ward ein Ende gemacht, und eine
gleichmässige Ordnung, beruhend auf dem Grundsatze der Selbst-
verwaltung, zur Geltung gebracht." [1])

Nicht minder durchgreifend war die Reform des Finanzwesens.
Behufs Vereinfachung des Steuerwesens setzte Leopold an die
Stelle der verschiedenen, bisher auf dem Grundbesitz lastenden
Abgaben eine einzige Grundsteuer: [2]) auch dem traurigen Zustand.
in dem er bei seinem Regierungsantritt die Finanzen des Staates
vorfand, suchte er nach Kräften abzuhelfen.

Handel und Industrie nahmen durch Leopolds Fürsorge
einen mächtigen Aufschwung. Der Verkehr im Inlande wurde
durch Abschaffung der Provinzialzolllinien gefördert, die ganze
alte Zunftgerichtsbarkeit mit einem Schlage beseitigt. Alle
gesetzlichen Beschränkungen des Betreibens von Gewerben wurden
für aufgehoben erklärt. [3]) Dank der Aufhebung der Ausfuhrzölle[4])
konnten die Erzeugnisse der toskanischen Industrie auch auf
den ausländischen Markt versandt werden.

Leopold hoffte wohl. durch seine humanen, nur dem Wohl
der Gesamtheit [5]) dienenden Bestrebungen sich die Liebe seines
Volkes zu erwerben. Eine stehende Truppenmacht im Lande
zu halten, hielt der von Natur unkriegerische Herrscher daher
für unnötig. Im Laufe der Jahre hat Leopold fast die gesamte
Armee aufgelöst: [6]) dasselbe Schicksal hatte die erst vor kurzem
geschaffene Kriegsmarine. Denn gegen einen äusseren Angriff
glaubte der Grossherzog das Land durch Proklamierung der
Neutralität Toskanas hinreichend gesichert zu haben. Etwaige
Unruhen im Innern des Landes würde die Polizei zu unterdrücken wissen.

---

[1]) Hirsch. S. 445, 46.

[2]) Ehrhard, S. 147.

[3]) Bei Ehrhard S. 132 findet sich eine solche, das Bäckereigewerbe
betreffende Verfügung.

[4]) Ehrhard: Anhang S. 25.

[5]) Du Paty: Lettres sur l'Italie 1788, 1, S. 127: le grand-duc n'a d'autre
luxe que le bonheur de son peuple.

[6]) Ein solches Dekret findet sich z. B. bei Zobi: Storia civile della
Toscana, Appendice di documenti al tomo secondo, S. 179.

Am radikalsten sind die Reformen Leopolds auf dem Gebiet der kirchlichen Verhältnisse gewesen. Der toskanische Klerus sollte dem Einflusse der römischen Kurie so viel wie möglich entzogen werden.

In den Zeiten einer „allgemeinen Unwisssenheit".[1]) wie sich der Grossherzog schroff ausdrückte, hatte man den Bischöfen eine Gerichtsbarkeit in weltlichen Dingen eingeräumt; Leopold trug kein Bedenken, ihnen diese zu nehmen.[2]) Der aufgeklärte Monarch war der Ansicht, dass einem Geistlichen nicht anstehe, sich in staatliche Angelegenheiten zu mischen. Weitere Erlasse befahlen die Einführung des Exequatur für alle Verfügungen nicht einheimischer geistlicher Autoritäten, die Aufhebung der Inquisition[3]) und des Nunciaturgerichts;[4]) es erging das Verbot der Entrichtung von Gebühren an nichttoskanische Bischöfe, deren Sprengel sich in das Gebiet des Grossherzogtums hineinerstreckte.

Zugleich versuchte Leopold eine Reform der Geistlichkeit selbst. Die Pfarrer sollten künftighin eine bessere Vorbildung[5]) erhalten und vor ihrer Anstellung einer strengen Prüfung durch einen Bischof unterworfen sein. Eine ganze Reihe von Klöstern ward aufgehoben, die eingezogenen Güter derselben zur Aufbesserung der Pfarreien verwandt.

Es ist bemerkenswert, dass Leopold alle diese Neuerungen vornahm, ohne sich mit dem päpstlichen Stuhle zuvor in Einvernehmen gesetzt zu haben; von Verhandlungen versprach er sich bei der zur Nachgiebigkeit wenig geneigten Haltung des Papstes keinen Erfolg. Mit grosser Spannung verfolgte er den zwischen der Kurie und Kaiser Joseph ausgebrochenen Streit. Die Kirchenpolitik des Bruders fand seinen ungeteilten Beifall. und in nachdrücklichen Worten mahnte er ihn. den Herrschgelüsten[6]) des päpstlichen Stuhles einen entschiedenen Widerstand

---

[1]) Ehrhard. Anhang S. 122.
[2]) Ehrhard. Anhang S. 70 u. 122.
[3]) Ehrhard. Anhang S. 84.
[4]) Ehrhard. Anhang S. 132.
[5]) Ehrhard. Anhang S. 72 ff.
[6]) Arneth: Joseph II. und Leopold von Toskana. Ihr Briefwechsel von 1781—1790. II. S. 18: le joug intéressé et despotique de la Cour de Rome (5. Dez. 1786).

zu leisten; ja, der alte Gedanke eines Nationalkonzils[1] tauchte wieder auf. Man ist heute erstaunt, aus dem Munde eines gläubigen Katholiken die Worte zu vernehmen: Die Päpste würden wohlthun, sich der ersten Zeiten der Kirche zu erinnern, wo sie selbst im Verhältnis zu den anderen Bischöfen nur primi inter pares gewesen seien.[2] Es konnte nicht fehlen, dass solche Ideen, einmal verbreitet, in weiteren Kreisen Eingang fanden. Eine Provinzialsynode zu Pistoja fasste Beschlüsse, „welche namentlich durch Ableitung der bischöflichen Gewalt unmittelbar von Gott und durch Annahme der 4 Artikel der gallikanischen Kirche[3] die schärfsten Angriffe gegen die päpstliche Autorität enthielten."[4]

Der Emanzipation des Klerus von Rom hat das Streben Leopolds gegolten; die französische Revolution hat diese Ideen verwirklicht.

Überhaupt möchte man zweifeln, ob es zu jener gewaltsamen Erschütterung der bestehenden Zustände gekommen wäre, wenn Ludwig XVI. sich hätte entschliessen können, aus freiem Antriebe jene Reformen durchzuführen, die dem Beherrscher des kleinen Toskana mit Recht die Bewunderung der Zeitgenossen verschafften.[5] Wie eng berühren sich doch die Ideen von 1789 mit den Anschauungen, die wir von Leopold vertreten sehen![6]

Die Revolution beseitigte die Vorrechte der privilegierten Klassen, des Adels und des Klerus: ähnlich ist Leopold verfahren.

Die Revolution suchte dem dritten Stande die ihm gebührende Machtstellung zu verschaffen; wir sahen, wie auch Leopolds

---

[1] Ebenda, II. S. 48.
[2] Leopold an Joseph, 6. März 1787, Arneth: II. S. 72 f. . . . Papes, qui n'ont jamais été que les premiers d'entre eux.
[3] Wolf: Leopold II und Marie Christine, S. 83: le synode de Pistoje ne contient que l'accession aux propositions de l'église gallicane.
[4] Hirsch, S. 453.
[5] Ebrhard nennt ihn Leopold den Weisen.
[6] Schlosser: Geschichte des 18. Jahrhunderts und des 19. bis zum Sturz des französischen Kaiserreichs, Bd. 3, 2. Abteilung (2. Auflage), S. 423: „Leopold hatte die Verwaltung des Landes ganz nach den Grundsätzen geordnet, denen hernach die konstituierende Nationalversammlung Frankreichs huldigte."

Bemühungen darauf gerichtet waren, das Ansehen und den Wohlstand der bürgerlichen Klassen zu heben.

Die Revolution brach mit dem Systeme der wirtschaftlichen und politischen Absonderung der Provinzen der Monarchie; auch Leopold hatte es an Versuchen, einen engeren Zusammenschluss der einzelnen Landesteile herbeizuführen, nicht fehlen lassen.

Vor allem aber vernichtete die Revolution die absolute Monarchie: auch Leopold sprach sich für Grundsätze aus, die den fortgeschrittensten staatsrechtlichen Theorien jener Zeit entsprachen. Leopold blieb nicht, wie die meisten Fürsten des 18. Jahrhunderts, in den Anschauungen des aufgeklärten Despotismus befangen, sondern erhob sich bereits, wie wir sahen, zu konstitutionellen Ideen. Er huldigte anderen Regierungsprinzipien, als sein Bruder.

Joseph II., beseelt von den edelsten Absichten, plante, durch das Mittel eines bis ins Kleinste durchgebildeten büreaukratischen Apparats, das bunte Wirrwar der unter seinem Scepter lebenden Völker in einem straff centralisierten Gesamtstaate zu vereinen. Dass dieses Ziel nur durch teilweise oder gänzliche Aufhebung der einzelnen Landesprivilegien zu erreichen war, darüber konnte bei Joseph kein Zweifel bestehen; ebensowenig konnte er sich verhehlen, dass seine dahin gerichteten Schritte den entschiedensten Widerstand finden würden. Gegen das Ende seiner Regierung brachen denn auch in Ungarn und den österreichischen Niederlanden Unruhen aus, die bald den Charakter einer offenen Revolution annahmen, deren Endziel nichts weniger als völlige Lostrennung von Österreich war.

Von Anfang an hat Leopold diese Starrköpfigkeit des Bruders entschieden missbilligt. Allerdings legte er sich Joseph gegenüber eine gewisse Zurückhaltung auf, er wusste, dass dieser Vorschlägen der Versöhnung kein Gehör schenken oder sich gar durch solche werde beeinflussen lassen. Leopold war eine kühle, berechnende Natur; für Gefühle der Sympathie, der Liebe war in seinem Herzen wenig Platz. Argwöhnisch und misstrauisch [1])

---

[1]) Arneth: Maria Theresia und Joseph II, Bd. I, 280; il (Leopold) paraît fort content à cette heure, mais la moindre chose qu'il sent, il devient rêveur. s'imagine mille choses noires, ferner Beer: Leopold II., Franz II. und Katharina S. 216, Leopold an Marie Christine: de tout côté on cherche de savoir ce que je pense.

von Jugend auf. glaubte er sich auf Schritt und Tritt von im
Solde des Bruders stehenden Spionen[1] umgeben. In den Briefen
an seine Schwester Marie Christine, die Statthalterin der Niederlande, die allein das Vertrauen des verschlossenen Mannes besass,
sind die vertraulichen Mitteilungen fast immer mit einem Stoffe
geschrieben,[2] der sie den Spähern verbergen sollte.

Josephs Verfahren den Niederländern gegenüber erscheint
ihm verhängnisvoll[3] für das Wohl des Staates. Als kluger
Politiker erblickt er in einer Anerkennung der berechtigten
Forderungen der belgischen Stände den einzigen Ausweg für eine
friedliche Wiedergewinnung der aufständischen Lande.[4] Leopold
erkannte auch. dass selbst bei Anwendung kriegerischer Mittel
geraume Zeit verfliessen würde, ehe ein wahrhafter Erfolg,
und vielleicht auch nur ein vorübergehender,[5] sich würde erzielen lassen.

Schon früh war er sich über die Politik klar, die er im
Falle von Josephs Ableben würde einzuschlagen haben. Als
unbedingt erforderlich erscheint ihm die Mitwirkung der Stände[6]
an der Gesetzgebung in den einzelnen Landen: mit sicherem
Blick erkennt er, dass die verschiedenen Völker des österreichischen

---

[1] Wolf: Leopold II. und Marie Christine. Ihr Briefwechsel. Leopold
an M. Christine 25. Jan. 1790, S. 81: je suis tellement entouré et espionné
par des dépendants des alentours de Sa Mé.

[2] Wolf, S. 81, 88, 91, 95.

[3] Wolf: Leopold an M. Christine, 1. Jan. 1790, S. 73: je suis inconso-
lable des Pays-Bas: on a perdu de si beaux pays si légèrement: Wolf,
7. Febr. 1790, S. 90: la perte des Pays-Bas, c'est un grand malheur.

[4] Wolf, S. 19, 13. Juni 1787: je crois que dans les circonstances
présentes il n'ya aucun autre parti à prendre, que celui de céder.

[5] Wolf, S. 79: L. an M. Chr. 23. Jan. 90: hier sagt er sogar: par la
force, on ne pourra plus rien faire, Wolf S. 47: hier lässt Leopold durchblicken, dass unter Umständen von militärischem Einschreiten ein Erfolg zu
erwarten ist: on veut faire agir le militaire, le moment ne me parait pas
heureux pour cela à présent (also nur augenblicklich nicht!).

[6] Wolf, S. 44 ff., S. 55 ff., Beer: Leopold II., Franz II. und Katharina,
S. 213, 4. Juni 1789, Leopold an M. Christine: il me semble qu' on est trop
heureux quand un pays a une constitution. Où il n'y a pas d'états et de
constitution. il faudrait les introduire.

Staates sich nicht nach einem allen gemeinsamen Schema regieren
lassen, dass es Nationalitäten giebt, auf deren Sondervorrechte
ein jeder Herrscher zu achten habe.

Ein Verfassungsbruch ist ihm ein Frevel, den kein Suverän
gegen seine Unterthanen zu begehen wagen sollte. Schon vor
Jahren hatte Leopold, gelegentlich einer Besprechung von Neckers
berühmtem Compte rendu, erklärt, mit dem darin ausgesprochenen
Gedanken, dass jeder Herrscher seinem Volke über Zustand und
Verwaltung der Finanzen Rechenschaft abzulegen habe, völlig
einverstanden zu sein. [1]) Am ausführlichsten hat er dann seine
Grundsätze dargelegt in einem kurz vor Josephs Tode an die
Schwester gerichteten Schreiben (25. Jan. 1790). [2]) Es ist,
Leopolds eignen Worten zufolge, sein politisches „Glaubens-
bekenntnis.“

„Der Herrscher“, heisst es darin, „selbst der erbliche, ist
nur ein Beamter des Volkes, dessen Wohlfahrt zu fördern seine
ganze Sorge sein muss, in jedem Lande muss ein Grundgesetz
zwischen Volk und Suverän vereinbart werden, das des letzteren
Macht und Befugnisse begrenzt: durch einen Bruch dieses Vertrages
verzichtet der Fürst thatsächlich auf seine Stellung, und niemand
mehr ist verpflichtet, ihm Gehorsam zu leisten. Nur die aus-
führende Gewalt steht beim Herrscher; beim Volk und seinen
Vertretern die gesetzgebende. Der Herrscher ist seinem Volke
eine jährliche, genaue Rechenschaftsablage über die Verwendung
der öffentlichen Einnahmen und Finanzen schuldig, er darf nicht
willkürlich neue Steuern und Abgaben erheben; das Volk hat
hierzu das ausschliessliche Recht. Jedes neue Gesetz, jeder
Systemwechsel bedarf der Zustimmung der Volksvertretung, erst
die Einwilligung der Stände verleiht den Befehlen des Herrschers
Gesetzeskraft: das Militär ist nur zur Verteidigung des Landes
gegen den äusseren Feind bestimmt, darf aber nicht gegen das
eigene Volk verwandt werden. Der Suverän muss stets nach
dem Gesetze herrschen und ist vom Volke eingesetzt, um dessen
Glück und Gedeihen zu fördern: nicht wie er, sondern wie
seine Unterthanen es wollen und wünschen; denn der einzige

[1]) Arneth: Joseph II. u. Leopold v. Toskana. I., S. 23 (22. März 1781.)
[2]) Wolf, S. 84 ff.

Zweck der Gesellschaft und der Regierung ist die Wohlfahrt des Einzelnen."

Ähnliche Gedanken finden wir in einem aus derselben Zeit stammenden Manifeste, [1]) das Leopold dem Statthalterpaare übersandte mit der Bitte, es sofort nach seines Bruders Tode zu veröffentlichen.[2]) Es enthielt die weitgehendsten Zugeständnisse, Bestätigung aller früher besessenen Privilegien, vollständige Amnestie u. s. w.

Wenn Leopolds Hoffnung, die Niederländer auf diese Weise zu gewinnen, fehlschlug, so lag die Schuld daran, dass diese, indem sie des neuen Kaisers wohlgemeinte Anerbietungen ausschlugen, vertrauten auf den Beistand Preussens und der Seemächte, die sich seit einigen Jahren zu einem engen Bündnis zusammengeschlossen hatten. Leopold erkannte, dass es unmöglich sei, die auswärtige Politik seines Vorgängers in dessen Sinne fortzusetzen.

Joseph II. und Katharina von Russland hatten sich zur gemeinsamen Bekämpfung der Türken vereinigt. Leopold hatte von Anfang an den phantastischen [3]) Eroberungsplänen der Kaiserin mit einem gewissen Misstrauen [4]) gegenübergestanden und auch dem Bruder seine Bedenken nicht verhehlt. Der Untergang des türkischen Reiches, meinte er, sei nur eine Frage der Zeit: ein so schwacher Nachbar, wie die Pforte, sei weit weniger gefährlich als das ehrgeizige Russland, das nur danach strebe, mit Österreichs Hülfe seine eigenen selbstsüchtigen Absichten zu erreichen.[5]) Er sah voraus, dass Österreich ohne besondere Vor-

---

[1]) Gachard: Documents politiques et diplomatiques sur la Révolution Belge de 1790, S. 130.

[2]) Wolf. 17. Febr. 1790, S. 100.

[3]) Arneth: Maria Theresia u. Joseph II. Bd. 3, S. 268: son (Katharinas) projet de l'érection d'un Empire d'Orient roule dans sa tête. (Joseph an Maria Theresia 4. Juli 1780.)

[4]) Arneth: Joseph II. u. Leopold v. Toskana. I. 142: Leopold an Joseph 16. Dec. 1782: la lettre de l'Impératrice de Russie me parait on ne peut pas plus légère pour une affaire de cette importance, ferner ebenda I, 166: il y a toujours du faux dans sa conduite.

[5]) ebenda I, 166: Un voisin aussi faible que sont surtout les Turcs à présent, est biens moins à craindre que la Russie ambitieuse qui ne cherche, qu' à étendre sa puissance de tous les côtés et de toutes les façons possibles.

teile aus dem Kampfe hervorgehen werde, da das eng mit der
Pforte befreundete Preussen nie und nimmer eine Zerstückelung
des osmanischen Reiches zu Gunsten des österreichischen Rivalen
zulassen werde.

Joseph II. war doch zu sehr der Sohn der Maria Theresia,
als dass er eine innigere Annäherung der beiden deutschen
Grossmächte hätte erstreben wollen. Zudem besass der Todfeind
Preussens, der alte Staatskanzler Fürst Kaunitz, noch immer
Einfluss genug, um dem Aufkommen einer preussenfreundlichen
Stimmung erfolgreich entgegen zu treten.

Ein Gegengewicht gegen die russisch-österreichische Allianz
war bereits in jenem preussisch-englisch-holländischen Bündnis
entstanden, und es war unschwer zu erkennen, dass jene Mächte
die belgischen Wirren im Stillen begünstigten.

Das wirksamste Mittel, diesen Wühlereien mit Erfolg ent-
gegenzutreten, erblickte Leopold in einer möglichst raschen
Beendigung des Türkenkrieges. Schon zu Josephs Lebzeiten
hatte er auf einen ehrenvollen Frieden gehofft; [1] indes, solche
Hoffnungen hatten sich stets als trügerisch erwiesen, [2] der Krieg
nahm seinen Fortgang. Leopold musste sich mit der Verwirklichung seiner Friedenswünsche noch gedulden.

Jetzt war er Kaiser. Erst nach Beilegung der äusseren
Verwicklungen, sah er ein, konnte er des Erfolges seiner Paci-
fikationsbestrebungen in den aufrührerischen Gebieten sicher sein.
Er war gewillt, jedes mit der Ehre seines Hauses vereinbarte
Opfer zu bringen, um ein herzlicheres Einvernehmen mit König
Friedrich Wilhelm II. zu erzielen.

Fern vom Wiener Hofe lebend, war Leopold in der Lage
gewesen, sich ein nüchternes, durch keinerlei Leidenschaften
getrübtes Urteil über den zwischen Österreich und Preussen
bestehenden Gegensatz zu bilden. Einem Joseph II., einem

---

[1] Wolf, S. 62, 13. Okt. 1789: j'espère la prise de Belgrade, et ensuite
la paix, qui est tout ce qu'on peut désirer. Wolf S. 63, 27. Okt. 1789: la
prise de Belgrade, qui aura encore, je me flatte, d'autres bonnes suites, et
cet hiver la paix. Wolf S. 75, 4. Jan. 1790: Dieu veuille seulement que la
paix se fasse promptement avec les Turcs.
[2] Wolf, S. 95: 12. Febr. 1790: on ne fait pas la paix avec les Turcs,
Wolf S. 96, 3. Febr. 1790: point d'espoir de paix.

Kaunitz mochte es undenkbar erscheinen, dass die ungeheure Kluft zwischen den beiden Mächten je zu überbrücken sei; Leopold II. dagegen, mit der Abtretung Schlesiens als einer definitiv gewordenen rechnend, hatte keinen Anlass, jene ausgesprochen antipreussische Politik seines Vorgängers fortzusetzen. Vergeblich waren die Bemühungen des greisen Kanzlers, den neuen Herrscher von der Notwendigkeit einer energischen Fortsetzung des Türkenkrieges und der Ergreifung thätiger Massnahmen gegen Preussen zu überzeugen. [1]) Leopold blieb fest.

Kaunitz mochte wohl fühlen, dass seine Dienste überflüssig seien, und bat um Enthebung von seinen Ämtern. (26. April 1790.)[2])

Hätte Österreich damals einen dem Fürsten an diplomatischer Gewandtheit ebenbürtigen Staatsmann besessen, Leopold würde gewiss nicht gezaudert haben, den alten Diener seiner Mutter und seines Bruders in aller Form zu verabschieden. Aber nicht einer liess sich finden, der den Kanzler zu ersetzen vermocht hätte: der Kaiser hielt es daher für geraten, das Gesuch in einer für den Kanzler ausserordentlich schmeichelhaften Form abzulehnen. [3])

Freilich liess sich Kaunitz hierdurch noch keineswegs zu der Ansicht seines Suveräns bekehren, dass das Heil des Staates in einer engeren Verbindung mit Preussen liege; hatte doch auch der klug berechnende Leopold, bei der Offenkundigkeit der Annexionsbestrebungen Preussens, sich für jenen Anschluss entschieden, weniger aus Gründen persönlicher Sympathie für den preussischen Staat oder dessen König, als im Interesse der Wiedergewinnung der rebellischen Provinzen.

Leopolds eigenstes Werk und Verdienst ist die Konvention von Reichenbach (Juli 1790), in der er um des Friedens willen alle seit den letzten drei Jahren im Kampfe gegen die Türken errungenen Vorteile preisgab. Der status quo ante ward als Basis für die Friedensunterhandlungen festgesetzt, die Österreich so bald wie möglich mit der Pforte zu eröffnen sich verpflichtete. Der Abschluss der Konvention, so demütigend ihre Bedingungen

[1]) Ranke, die deutschen Mächte und der Fürstenbund. II., 375.

[2]) Beer, Joseph II., Leopold II. und Kaunitz, S. 366.

[3]) Vgl. Beer, Joseph II, Leopold II. und Kaunitz, S. 367.

für das europäische Ansehen Österreichs auch sein mochten, war doch ein unermesslicher Gewinn für Leopold: es bot sich ihm die Möglichkeit, ohne grosse Schwierigkeiten die abgefallenen Provinzen wiederzugewinnen. Wenn die Seemächte sahen, dass Österreich ernstlich mit der Pforte sich zu verständigen bemühte, dann würden auch ihre Wühlereien in den aufständischen Niederlanden ein Ende haben.

Leopold war weit entfernt, jene Abmachungen als ihm günstige auffassen zu wollen; [1]) in bitteren Worten beklagt er sich über die Ungarn, deren Untreue und verräterische Umtriebe ihm jenen Frieden diktiert hätten. [2]) Preussen misstraute er nach wie vor. [3])

Er hatte in der That viel geopfert, nicht e i n e Entschädigung für die zahlreichen Verluste, die seine Armee erlitten, sollte er erhalten! Doch Leopold war zu sehr Politiker, um nicht persönlichen Stimmungen Schweigen zu gebieten, wenn das Staatsinteresse es verlangte. Der Abschluss erfolgte.

Kaunitz hatte den Verhandlungen von Anfang an fern gestanden, er konnte deutlich wahrnehmen, dass die Leitung des Staatsschiffes in jüngere Hände übergegangen war. Er fühlte sich einsam und mochte wohl nicht mit Unrecht eine Unterscheidung machen zwischen seiner Person und „dem Kaiser und dessen Ministerium." [4]) Er missbilligte aufs entschiedenste, doch ohne Erfolg, die in Reichenbach gepflogenen Verhandlungen, die seiner Ansicht nach nur dahin führen würden, Österreich mit Schmach und Ruhmlosigkeit zu bedecken.

Überhaupt ging ihm der Kaiser entschieden zu weit in seiner Nachgiebigkeit gegenüber den preussischen Forderungen; der Kanzler war empört über den despotischen und hochfahrenden Ton. [5]) den der preussische Minister Hertzberg gegenüber den

[1]) Vivenot, Quellen zur Geschichte der deutschen Kaiserpolitik, Österreichs, I., S. 9.

[2]) Wolf. S. 189: 9. Aug. 1790: cette paix, nous la devons à la mauvaise foi et aux intrigues des Hongrois.

[3]) Wolf. S. 189, Avec lui (dem Könige) on peut toujours craindre quelque subterfuge de mauvaise foi.

[4]) Vivenot I., 3.

[5]) Vivenot I., 7.

österreichischen Bevollmächtigten angeschlagen hatte. Am liebsten hätte er diese — es waren der Vizekanzler Cobenzl[1]) und der Staatsreferendarius Spielmann — überall anders gesehen, nur nicht in jener „Reichenbacher Hölle."[2])

Doch die Zeiten, in denen sein Wille der allein ausschlaggebende gewesen, waren vorüber. Nur durfte ihm niemand seinen Hass gegen Preussen nehmen. So vermochte er nicht zu erkennen, dass die Reichenbacher Verhandlungen Österreich den grossen Vorteil einer Politik der freien Hand gewährten, einer Politik, die, je nach Lage der Dinge. ihre Sympathien bald diesem, bald jenem Staate zuwenden konnte. Die Grundlage zu einer dauernden Aussöhnung lang bestehender Gegensätze, zu einem innigeren Einvernehmen mit dem machtvoll aufstrebenden Preussen war in Reichenbach gelegt. Es war der Boden geebnet zur Anbahnung einer Allianz, die einst ihre Früchte tragen würde.

Denn immer drohender hatte sich inzwischen im Westen die französiche Revolution erhoben.

[1]) Arneth: Maria Theresia und Joseph II., III., 215.
[2]) Vivenot I., 498.

Leopold II. und die französische Revolution bis zur Gefangennahme des Königs in Varennes.

Vom rein menschlichen Standpunkte aus mag uns das Benehmen Leopolds gegenüber der Hülfe flehenden Schwester, der Königin Marie Antoinette von Frankreich, kalt und herzlos erscheinen; vergessen wir aber nicht, dass die letzten Absichten der stolzen Frau, trotz offizieller Ableugnungen, auf eine Reaktion im wahrsten Sinne des Wortes zielten.[1]) Der leidenschaftliche Ton ihrer Briefe lässt darüber keinen Zweifel zu. Leopold hätte seine innersten Gefühle verleugnen müssen, wenn er je solche Bestrebungen gutgeheissen oder gar zu ihrer Verwirklichung hülfreiche Hand geboten hätte. Als einsichtsvoller Staatsmann hat sich Leopold während seines ganzen Lebens bewährt; als österreichischer Suverän handelte er auch gegenüber Frankreich, gegenüber der Schwester.

Ein anderes kam hinzu. Infolge der schon in frühen Jahren erfolgten Trennung hatte sich eine innigere geschwisterliche Zuneigung niemals entwickeln können. Zudem scheint es auch garnicht in Leopolds Absicht gelegen zu haben, regere Beziehungen zu der königlichen Schwester zu unterhalten. An

---

[1]) Sybel: „Geschichte der Revolutionszeit" freilich ist anderer Ansicht: I, S. 248; sie wollte nicht Herstellung des alten Zustandes. Anders und richtiger urteilt Glagau in: „Die französische Legislative und der Ursprung der Revolutionskriege 1791—1792" und „General Lafayette und der Sturz der Monarchie in Frankreich" (Hist. Zeitschrift, Bd. 82, 1899).

Gelegenheiten zu einer persönlichen Begegnung hätte es nicht
gefehlt: indes. eben eine solche schien Leopold ängstlich vermeiden
zu wollen. Allen Aufforderungen, sei es des Bruders[1]) oder der
Königin selbst.[2]) zu einem Besuche am Tuilerienhofe setzte er
stets ein bestimmtes Nein entgegen.

Unsere Quellen fliessen leider zu dürftig, als dass wir die
tieferen Ursachen dieses eigentümlichen Verhaltens auch nur mit
einiger Sicherheit zu ermitteln vermöchten. An anderer Stelle
zwar ist betont worden, dass Leopold, diese jedem fremden Einflusse unzugängliche und von Haus aus zum Argwohn geneigte
Natur, auf der ganzen Welt, ausser etwa der Lieblingsschwester
Christine, kein menschliches Wesen zu finden vermeinte, dem er
ohne Besorgnis des Verrats die innersten Geheimnisse seines
Herzens anvertrauen dürfe. Indes, mochte Leopold wirklich
Bedenken tragen. die Königin von Frankreich zur Mitwisserin
in Staats- und anderen hochbedeutsamen Angelegenheiten zu
machen, so blieben noch genug minder bedeutsame Fragen, über
die er mit der Schwester. selbst auf die Gefahr des Bekannt-
werdens seiner Äusserungen hin, hätte reden können. Von einem
Briefwechsel der beiden Geschwister aber aus früherer Zeit
findet sich keine Spur.

Die angesichts dieser befremdenden Thatsache nahe liegende
Vermutung, Leopold habe allen ihn oder sein Toskana nicht unmittelbar berührenden Ereignissen völlig teilnahmlos gegenübergestanden, erweist sich als irrig bei einem Blick auf die aus-
gedehnte Korrespondenz Leopolds mit seinem älteren Bruder:
aufs deutlichste legt sie Zeugnis ab von dem grossen Interesse.
mit dem der Grossherzog auch allgemein europäische Fragen
verfolgte.

Was die Königin von Frankreich dem deutschen Kaiser aus
Gründen des Staatswohls nicht mitteilen durfte. das hätte doch

---

[1]) Arneth: Maria Theresia und Joseph II. Bd. 2, 131. 29. April 1777:
Joseph an Leopold: Que n'êtes vous venu avec moi!

[2]) Arneth: Maria Theresia und Maria Antoinette, S. 65, M. Ant. an
M. Theresia. 13. Jan, 73: On dit que le Grand-Duc et sa femme iront en
Espagne; je voudrais bien qu'ils eussent peur de la mer et qu'ils prissent
leur chemin par ici.

Leopold, als Beherrscher eines neutralen Staates den Ereignissen als unbefangener Zuschauer gegenüberstehend, wenn er die Schwester nur darum ersucht hätte, leicht in Erfahrung bringen können. Wer den Charakter Marie Antoinettes kannte, wusste, dass sie sich nimmermehr mit der blossen Rolle einer Gemahlin des Königs von Frankreich begnügen, sondern, wie es bei der schwächlichen Haltung ihres Gatten nicht anders zu erwarten stand, auf eigene Faust Politik zu treiben und ihre Pläne durchzusetzen versuchen würde.

Trotzdem ist Leopold niemals auf den Gedanken verfallen, sich von jener Seite her über den Gang der Ereignisse informieren zu lassen, um auf diese Weise eine willkommene Ergänzung der Mitteilungen seines Bruders zu erhalten. Nicht an Marie Antoinette, die dem Bruder stets eine gewisse geschwisterliche Zuneigung bewahrte, sondern an ihm allein liegt es, wenn im Laufe der Jahre eine immer grössere, durch die räumliche Trennung noch gesteigerte Entfremdung zwischen den beiden Platz griff. Vielleicht hat sich Leopold, über dessen musterhaften Lebenswandel[1]) nur eine Stimme herrschte, zurückgestossen gefühlt von dem würde- und sittenlosen Treiben, das man in Paris nicht selten mit einer an Schamlosigkeit grenzenden Offenheit zur Schau trug, und grollte wohl der Schwester, dass sie, anstatt den an sie herantretenden verführerischen Freuden des Hofes den Rücken zu kehren, sich in jugendlichem Ungestüm in den Strudel jener rauschenden Vergnügungen gestürzt hatte.[2])

Indes, es ist das eine blosse Vermutung, für die, wir betonen es nochmals, einen positiven Beweis zu erbringen unmöglich ist.

Auch die inneren Verhältnisse Frankreichs wären wohl dazu angethan gewesen, einen wahrhaft besorgten Bruder mit bangen Ahnungen für die Zukunft zu erfüllen. Leopold sah das Unheil

---

[1]) Arneth, Briefe der Kaiserin Maria Theresia an ihre Kinder und Freunde, III., 288, 17. Januar 1771: un mariage si parfaitement rangé que celui de Léopold.

[2]) Arneth, Maria Theresia und Joseph II., Joseph an Leopold, II. 133, 11. Mai 1777: La Reine ne pense qu'à s'amuser.

heraufziehen [1]) und — schwieg. Selbst angesichts der furcht-
baren Ereignisse des Jahres 1789 liess er sich nicht bestimmen,
den einmal eingenommenen Standpunkt aufzugeben, obwohl
gerade in jener kritischen Lage der Rat eines erfahrenen Freundes
von grossem Nutzen hätte sein können. Erst als des Bruders
Tod die Geschicke Österreichs in Leopolds Hand gelegt und
diesen damit an die Spitze des Hauses Habsburg berufen hatte,
erachtete es der neue Kaiser, von politischen wie Familien-
rücksichten gleichermassen bestimmt, für geboten, sein Schweigen
zu brechen, um der vom Schicksal so schwer betroffenen Frau
gegenüber wenigstens äusserlich den Schein aufrichtigster Teilnahme und Mitgefühls zu wahren.

Ohne Zweifel hat Leopold den Zielen der französischen
Revolution in ihren ersten Phasen, in der Zeit, in der noch eine
Verwirklichung der geplanten Reformen auf friedlichem Wege
zu hoffen stand, durchaus sympathisch gegenüber gestanden.

Jeder besonnene, auf die wahre Wohlfahrt seines Landes
bedachte Franzose konnte füglich unterschreiben, was Leopold
an konstitutionellen Ideen in seinem Glaubensbekenntnisse ausgesprochen hatte.

Andrerseits dürfen wir als sicher annehmen, dass der Kaiser
die Excesse der radikalen Parteien, die ja bei solchen Bewegungen
stets die Oberhand zu gewinnen pflegen, aufs entschiedendste
verdammte.

Wer mag urteilen, welchen Verlauf die Dinge genommen
haben würden, wenn damals auf dem Throne der Bourbonen ein
fähiger, zur Unterdrückung umstürzlerischer Bestrebungen ent-
schlossener Herrscher gesessen hätte? Doch von einem Ludwig XVI.
war ein solcher Widerstand nicht zu erwarten. Leopold kannte
seinen Schwager; heller Zorn entflammte sein Gemüt, als er
Kunde erhielt von dem schmählichen Benehmen, das dieser in
den Oktobertagen des Jahres 1789 dem Pariser Pöbel gegen-

---

[1]) Arneth, Joseph II. und Leopold II., Bd. 2, S. 150 51. Leopold an
Joseph 17. Dez. 1787: la dureté et le despotisme, qui . . . . ne font que finir
d'aigrir et de lui aliéner tous les eprits et de les faire aller au but qui
parait être celui de ceux qui le conseillent, d'amener de la confusion, une
révolution.

über an den Tag gelegt. Nicht scharf genug kann er die Worte[1]
finden, um des Königs feige Haltung zu kennzeichnen. Ein
solcher Fürst, sah er ein, würde nicht im stande sein, die innere
Ruhe seines Landes wiederherzustellen.

Wie Leopold vertraut hatte, die Niederländer durch Ein-
setzung einer wahrhaft konstitutionellen Regierung versöhnen
zu können, so mochte er hoffen, dass auch in Frankreich
schliesslich die gemässigten Ideen den Sieg davontragen würden.
Diese Hoffnung, die sich nachher leider als trügerisch erwies,
hat Leopold niemals aufgegeben; er hielt sie aufrecht noch in
einer Zeit, als das immer frechere Gebahren der Jakobiner den
völligen Triumph dieser Partei ausser Zweifel stellte. Mit
Freuden hätte er die Herstellung eines aufrichtigen Einvernehmens
zwischen dem Königspaare und der konstitutionell-monarchischen
Partei begrüsst.

Aber Marie Antoinette und ihr Gemahl waren weit davon entfernt, eine solche Einigung im Ernste herbeizuwünschen. Wenn sie
mit jener Partei anknüpften, so geschah es nur, um ihr jeden
Argwohn vor reaktionären Bestrebungen zu nehmen, und um sie
über die letzten Absichten desto sicherer zu täuschen. König
und Königin verhehlten sich nicht, dass sie ein gewagtes Spiel
trieben; wenn man ihre Pläne entdeckte, waren sie verloren.
Die Rache der Betrogenen würde furchtbar sein. Es galt, sich
rechtzeitig in Sicherheit zu bringen: man entschloss sich also,
die Gefahren einer Flucht denen einer täglichen Bedrohung des
eigenen Lebens vorzuziehen.

Dass in der That die Lage des Königtums von Tag zu Tag
kritischer ward, mochte wohl niemand ernstlich bestreiten: und
auch der österreichische Botschafter am Tuilerienhofe, Graf Mercy-
Argenteau, konnte sich dieser Einsicht nicht verschliessen. Er
erkannte klar, dass das eigentliche Ziel der Radikalen auf die
Verwirklichung des republikanischen Ideals gerichtet war. Über
seine Beobachtungen unterliess er nicht, seiner Regierung regel-
mässige Berichte zu senden, welche die trostlose Lage der
königlichen Familie schilderten. Durch die Vorträge seines
Kanzlers erfuhr Leopold hiervon.

[1] Wolf, 27. Okt. 1789, S. 64: il faut avoir le sang d'eau claire, les
nerfs d'étouppe et l'âme de coton pour se conduire de cette façon.

Ein übriges thaten die Briefe der Königin selbst, voll leiden-
schaftlicher Klagen über die der Monarchie und ihrer Familie
widerfahrene Demütigung.

Wenngleich solche Schilderungen nicht verfehlen konnten,
auf das Gemüt des Kaisers zu wirken, so vermochten sie doch
keineswegs, ihn für die Idee einer bewaffneten Intervention des
Auslandes zu gewinnen.

Dreierlei wirkte zusammen, um Leopold in dieser Politik
des vorsichtig Sich-Zurückhaltens zu bestärken. Von gemässigt
liberalen Ideen durchdrungen, mochte Leopold glauben, zu der
Annahme berechtigt sein zu dürfen, dass jede nur einigermassen
besonnene Nation diese Gesinnungen teilen und darnach handeln
müsse. Die Partei der Revolutionäre, hoffte er, werde, wenn
überhaupt, nur vorübergehend zur Macht gelangen. Nichts als
ein Ausfluss dieser liberalen Anschauungen war auch die Ansicht,
dass jeder Nation das Selbstbestimmungsrecht über ihre Verfassung zustehe. Nur für den Fall, dass eine solche Verfassung
eine offene Gefahr für die Ruhe anderer benachbarter Staaten
bilde, war er gemeint, eine Abweichung von jenem Satze zulassen zu wollen. In diesem Punkte herrschte zwischen ihm und
seinem leitenden Minister völlige Übereinstimmung, mochten auch
die Motive, die beide zur Verfechtung dieser Auffassung bestimmten, zum Teil verschiedenartiger Natur sein.

Noch immer bestand zwischen Frankreich und Österreich
jene Allianz, die beide Staaten unter Kaunitz' Mitwirkung einst
gegen den grossen Friedrich geschlossen hatten. Ihre Bedeutung
aber ward für Kaunitz gleich Null in dem Augenblicke, in dem
sie seinem Österreich keine reellen Vorteile mehr zu bieten
vermochte.

Im Grunde freilich war jener Fall bereits längst eingetreten,
und der kluge Staatsmann, dem Gefühle der Sympathie oder des
Mitleids fremd waren, hatte sich rechtzeitig nach wertvolleren
Bundesgenossen umgesehen. Der Bund mit Russland hatte seiner
Politik neue, nach dem Osten Europas gerichtete Bahnen gewiesen.
Kaunitz war entschlossen, den Krieg gegen die Pforte nicht zu
beendigen, ehe jene sich nicht zu Gebietsabtretungen irgend
welcher Art würde entschlossen haben.

2*

Und schien nicht auch der Augenblick nahe. wo die polnische Misswirtschaft den dabei interessierten Grossmächten den Gedanken an eine abermalige Beraubung der Republik nahe zu legen geeignet war? Sollte Österreich in der Rolle des müssigen Zuschauers verharren, wenn der preussische Rivale seine Hand nach Danzig und Thorn ausstreckte? In dieser Frage konnte österreichischerseits aber nur dann eine feste Sprache geführt werden. wenn im Falle des Scheiterns etwaiger Verhandlungen eine schlagfertige Armee bereit stand, um berechtigten Forderungen mit Waffengewalt Nachdruck zu verleihen.

Um so grössere Wachsamkeit schien hier geboten. als die preussischen Staatsmänner, vor allem Hertzberg. sich nicht scheuten. von ihren Plänen betreffend die Erwerbung weiterer polnischer Gebietsteile in der offenkundigsten Weise zu sprechen. Denn wenn auch die Nachgiebigkeit Österreichs in Reichenbach den Ausbruch eines Krieges vermieden hatte, so war man doch auf beiden Seiten noch weit von einem engeren Zusammenschluss entfernt. Die Suveräne beider Staaten mochten wohl persönliche Achtung vor einander haben, ihre Minister dachten jedenfalls anders. Leopold misstraute; Kaunitz hasste, wie bisher, die preussische Politik und rechnete mit der Möglichkeit eines nochmaligen Kampfes. Der Abschluss des Friedens mit der Pforte ward geflissentlich hinausgezögert. Wenigstens einige Vorteile war Kaunitz gewillt, zu erringen. Auch Leopold selbst missbilligte diese Verschleppungspolitik nicht; man konnte ja noch früh genug nachgeben. wenn Preussen ernstlich auf der Erfüllung der gemachten Zusagen bestehen sollte. Auch durfte man nicht die Freundschaft des russischen Alliierten verscherzen. der, wenn Österreich einen zu grossen Eifer beim Friedenswerke bekundete. darin mit Recht einen schmählichen Abfall von der gemeinsamen Sache erblickt hätte. Österreich bei dieser ohnehin kritischen Lage noch in ein gefahrvolles Unternehmen im Westen Europas zu verwickeln, wäre ein unverantwortlicher politischer Fehler gewesen.

Woher die Mittel und Menschen nehmen für ein so kostspieliges Unternehmen? Die finanziellen Kräfte des Staates hatten unter dem Drucke der kriegerischen Ereignisse aufs empfindlichste gelitten; ein grosser Teil der Armee, die während

des langwierigen Krieges nicht unbedeutende Verluste erlitten,
stand noch unter den Waffen, und die zweideutige Haltung Preussens
erforderte die stete Kriegsbereitschaft weiterer beträchtlicher
Truppenmassen. Nicht zu vergessen auch die verhältnismässig
starke Armee, die in den Niederlanden angehäuft war, um die
Ruhe in den noch immer unzufriedenen Provinzen wiederherzustellen.

Eine Entfaltung der österreichischen Kräfte nach Westen
hin, deren unausbleibliche Folge eine beträchtliche Schwächung
der gegen die Pforte und Preussen bereit stehenden Truppenmassen gewesen sein würde, hätte den thatsächlichen Verzicht
Österreichs auf alle künftigen Länderwerbungen im europäischen
Osten bedeutet. Hier aber lagen die wichtigsten Interessen der
Monarchie, die Kaunitz begreiflicher Weise keine Neigung verspürte, für das Ungewisse eines französischen Krieges preiszugeben.

Als nüchterner Staatsmann sah er in Marie Antoinette nur
die Königin von Frankreich, nicht die Schwester seines Monarchen.
Es war seinem scharfen Auge nicht entgangen, dass von innigeren
Beziehungen zwischen Bruder und Schwester nicht die Rede sein
konnte. „Sie kennen sich kaum,"[1] schrieb er in jener Zeit an
Mercy, „sie haben stets nur wenig Neigung zu einander empfunden."
In geschickter Weise beutete er diesen Umstand aus, um an
massgebender Stelle von den Vorteilen einer Nichtintervcntions-
politik zu überzeugen.

Auch bei Leopold waren keineswegs jene konstitutionellen
Momente allein ausschlaggebend: er besass Einsicht genug,
um mit klarem Blicke die Gefahren einer bewaffneten Einmischung zu erkennen. Im Gegenteil, es schien sogar im Interesse
Österreichs zu liegen, Frankreich in dem Zustande völliger
Ohnmacht, in den es die inneren Wirren gebracht hatten, zu
erhalten. Wer bürgte dafür, dass, nachdem Frankreich mit
österreichischer Hülfe zu neuer Macht gelangt war, der Jahrhunderte alte Gegensatz zwischen den Häusern Habsburg und
Bourbon sich nicht erneuern würde? Allianzen sind nichts als

---

[1] Correspondance secrète du Cte. de Mercy-Argenteau avec l'Empereur
Joseph II. et le prince Kaunitz, publ. par Arneth-Flammermont. S. 297.
10. März 1790.

von augenblicklicher Interessengemeinschaft diktierte Verträge: sie werden hinfällig, sobald jener Gesichtspunkt aufhört, massgebend zu sein. Der Hass gegen Preussen hatte den Versailler Traktakt zu stande gebracht: seit Jahrzehnten aber bereits waren die Beziehungen zwischen dem preussischen und französischen Hofe durchaus freundschaftlicher Natur. Die Allianz von 1756 bestand formell noch immer: doch würde keine Partei Bedenken getragen haben, jenen Vertrag im Falle eines Konflikts für gelöst zu erachten. Selbst wenn Leopold Neigung verspürt hätte, als Retter der bedrängten Schwester aufzutreten. hätte diese Neigung ein frommer Wunsch bleiben müssen angesichts der am politischen Himmel drohenden Wetterwolken.

An ein gemeinsames Handeln der europäischen Mächte zu Gunsten des unglücklichen Königspaares war bei den unter einander bestehenden Gegensätzen nicht zu denken.

England und Holland. in engem Bunde mit Preussen, würden dem Plane gleichgültig, wenn nicht misstrauisch oder gar feindlich gegenüberstehen: zudem verlangte in England der eigne Vorteil gebieterisch, einer Wiederherstellung geordneter Zustände in Frankreich keinen Vorschub zu leisten; noch war die Unterstützung, die dieses den um ihre Unabhängigkeit kämpfenden amerikanischen Kolonien hatte zuteil werden lassen, nicht vergessen. Das ohnmächtige Frankreich würde seine Kolonien gegen einen etwaigen englischen Angriff nicht zu schützen vermögen. Kaunitz konnte mit Befriedigung eine englisch-österreichische Interessenharmonie in diesen auf den politischen Ruin Frankreichs zielenden Bestrebungen konstatieren. Ob auf Katharinas von Russland Mitwirkung zu rechnen sei, erschien bei der geographischen Lage Russlands und angesichts der Fortdauer des türkischen Krieges mehr als zweifelhaft.

Kurz. die Lage war derart. dass Leopold bei einem eventuellen Vorgehen gegen Frankreich sich vereinsamt gefunden hätte, vereinsamt trotz der Bundesgenossenschaft kleinerer Staaten, wie Sardiniens und der Schweiz.

Diese Thatsache war so offenkundig. dass Leopold, wenigstens während des Jahres 1790 nie den Versuch gemacht hat, die europäischen Mächte zu einer gemeinsamen Beratung über die

gegen die französische Revolution zu ergreifenden Schritte aufzufordern.

Auch die offenkundige Unterstützung der belgischen Demokraten durch ihre französischen Parteigenossen vermochte Leopold
nicht zu bestimmen, schärfere Massregeln zu ergreifen: er mochte
diese Verbindung wohl erwartet haben und vertraute darauf,
dass im Notfalle das Militär allen diesen Aufreizungen und Ver-
hetzungen ein schnelles Ende machen würde. Ihm, wie Kaunitz,
lag es fern, der offiziellen französischen Regierung eine Schuld
an diesen Vorgängen beimessen zu wollen: auf Ersuchen würde
diese bereit sein, jener Propaganda energisch Einhalt zu gebieten.

Ein kriegerisch gesinnter Herrscher hätte wohl auch die
Elsässer Frage zum Anlasse einer Kriegserklärung nehmen
können. Durch die Beschlüsse der Nacht vom 4. August war
eine Anzahl deutscher, besonders geistlicher Fürsten ihrer Terri-
torial- bezw. Diöcesanrechte, die sie im Elsass besassen, verlustig
gegangen. Diese Handlungsweise hatte, zumal die französische
Regierung sich über eine eventuelle Entschädigung sehr zurück-
haltend aussprach, in den westlichen Teilen des Reiches eine
begreifliche Erregung hervorgerufen. Der Kurfürst von Mainz,
dem als geistlichen Suverän die Revolution, die ja auch die
Rechte des Klerus anzutasten gewagt hatte, ein Gräuel war,
wandte sich an die einzelnen Reichsfürsten und bat sie, sich mit
ihm zu vereinigen zwecks energischer Wahrung der Interessen
der depossedierten Fürsten. Unter diesen Umständen hielt Kaunitz
es für geboten, den Kriegseifer des Kurfürsten ein wenig zu
mässigen, indem er ihm bedeutete, dass Österreich dem Unglücke,
das einige Glieder des Reiches betroffen, zwar nicht teilnahmlos
gegenüberstehe[1]), andrerseits sich aber höchstens zu freundschaft-
lichen Vorstellungen bei der französischen Regierung entschliessen
werde: alle übrigen Erwägungen müssten für Österreich zurück-
treten hinter dem Interesse, das dieses an der Aufrechterhaltung
der Allianz mit Frankreich habe. Er zweifle nicht, das jene
Vorstellungen eine Nachgiebigkeit Frankreichs zur Folge haben
würden.

---

[1]) Vivenot I, S. 119. 8. April 1791.

Wäre Kaunitz aufrichtig gewesen, so hätte er allerdings von dem Interesse, das Österreich an der Erhaltung des Friedens habe, reden müssen; doch befürchtete er wohl nicht mit Unrecht, dass eine solche Wendung nur den Argwohn erwecken könnte, als ob Österreich entschlossen sei, um des lieben Friedens willen jede fernere Vergewaltigung deutscher Reichsstände ungestraft zuzulassen. Man würde darauf verzichtet haben, in dem Kaiser den Schirmherrn deutscher Interessen zu erblicken, und seine Hoffnung auf das mächtige Preussen gesetzt haben. Eine Schmälerung aber des österreichischen Ansehens auf Kosten des preussischen Rivalen konnte nicht im Sinne Kaunitz'scher Politik sein.

Eine ähnliche zurückhaltende, ja feindselige Haltung beobachtete der Kaiser gegenüber den Bestrebungen der Emigranten. Fern von der Heimat, scheuten diese sich nicht, ihre Pläne mit verblüffender Deutlichkeit zu enthüllen. Diese gingen auf die völlige Wiederherstellung des alten Zustandes vor der Revolution; dem Adel und Klerus sollten seine alten Vorrechte zurückerstattet werden. Als Retter der Monarchie gedachten die Emigranten die Leitung des Staatsschiffes selbst zu übernehmen und den König zu einem gefügigen Werkzeuge ihrer Bestrebungen herabzuwürdigen.

Ein offensives Vorgehen bot jedoch nur dann Aussicht auf Erfolg, wenn eine oder mehrere Grossmächte sich bereit finden liessen, das Vorhaben der Emigranten mit Waffengewalt zu unterstützen. Zahlreiche Agenten waren an den verschiedenen Höfen thätig, um Anhänger zu werben. Als Schwiegersohn des Königs hatte Artois, Ludwigs XVI. jüngerer Bruder, am Turiner Hofe leichtes Spiel; Victor Amadeus erbot sich [1]), die Schritte, die Artois am Wiener Hofe thun würde, zu unterstützen. Andere Mächte, wie Russland, Spanien, Neapel liessen es zwar nicht an Sympathiekundgebungen fehlen, aber ob sie im Ernstfalle die Sache der Emigration zu der ihren machen würden, war keineswegs sicher. Vollends ohne Mitwirkung Österreichs, dessen Herrscher doch der Bruder der Königin von Frankreich war, den

---

[1]) Feuillet de Conches: Louis XVI, Marie-Antoinette et Mme. Elisabeth, I. 113.3 janvier 1791.

Kampf aufzunehmen. war keine Macht gesonnen. Alles kam daher
darauf an, den Kaiser den Plänen Artois' geneigt zu machen.
Denn seine Haltung. glaubte man. würde die der übrigen Staaten
bestimmen.

Unaufhörlich ward Leopold mit mündlichen und schriftlichen
Hülfsgesuchen bestürmt; [1] aber vergebens appellierte man an
die brüderlichen Gefühle des Monarchen. Die Emigranten hatten
wohl nicht erwartet, dass Leopold eben jene brüderlichen Gefühle
als Vorwand für seine ablehnenden Bescheide benutzen würde. [2]
Es kam ihm ausserordentlich gelegen, dass Marie Antoinette, die
die ehrgeizigen Pläne der Brüder des Königs durchschaute, den
Kaiser vor Anknüpfung engerer Beziehungen mit jener Partei
dringend warnte. [3] Der Aussenwelt gegenüber konnte sich also
Leopold darauf berufen. dass seine eigene Schwester keine Ver-
quickung seiner Interessen mit denen der Emigrantenpartei
wünsche. Der eigentliche Grund zu dieser schroff abweisenden
Haltung lag natürlich tiefer. Die erzreaktionären Bestrebungen
jener Unzufriedenen waren dem liberalen Monarchen aufs tiefste
verhasst: auch würde ein solcher Beistand dem eigensten Interesse
der Schwester zuwidergelaufen sein. Denn dass in dem Staats-
wesen der Emigranten König und Königin aller Macht und allen
Ansehens beraubt sein würden. dafür bürgte schon der Marie
Antoinette so sehr verhasste Name Calonnes. Von Thorheit
hätte es gezeugt. wenn Leopold die kaum gewonnene Ruhe aufs
Spiel setzen wollte, um die abenteuerlichen Projekte der Emigranten zu unterstützen.

Noch gründlicher scheiterten die Versuche. den Fürsten
Kaunitz zu bestimmen, seinen Einfluss zu Gunsten der Sache
der Emigranten beim Kaiser geltend zu machen. Der Appell an
den Edelmut und die ritterliche Gesinnung des Kanzlers verfehlte
seine Wirkung. Vergebens liess Artois alle Künste der Schmeichelei

[1]) Feuillet de Conches I. 410 (1. janvier 1791). I. 419 (15. janvier 1791)
u. s. w.

[2]) Feuillet de Conches I, 415 (9. janvier 1791). I. 424 (19. janvier 91).

[3]) Arneth: Marie Antoinette. Joseph II. und Leopold II. 19. Dez. 1790.
S. 143, de la Rocheterie et le Marquis de Beaucourt: Lettres de Marie-
Antoinette, II, 203: dans la crainte que les princes à Turin, malgré nos
représentations réitérées, n' agissent en ce moment, le Roi a écrit.

spielen, vergebens beschwor er in einem eigenhändigen Schreiben den greisen Minister,[1]) den völligen Umsturz von Thron und Altar nicht zu dulden. Mit solchen Listen liess sich ein Kaunitz nicht fangen, besonnen wog er das pro und das contra ab, um nach reiflichem Überlegen[2]) die Überzeugung von der Absurdität der Pläne des Prinzen zu gewinnen.

Die Bitte Artois' um Gewährung einer Audienz ward aus Gründen des Staatswohls abschläglich[3]) beschieden; eine kategorische Erklärung folgte, des Inhalts, dass man von österreichischer Seite nicht die geringste Unterstützung zu erwarten habe.[4])

Diese Ereignisse fallen in den Beginn des Jahres 1791, in jene Zeit, als die Flucht der französischen Königsfamilie bereits eine beschlossene Sache war. Vom 20. November 1790[5]) datiert das Schreiben, durch das Ludwig XVI. seinem Vertrauten Breteuil unbeschränkte Vollmacht zu Verhandlungen mit den Mächten erteilte. Marie Antoinette erkannte von Anfang an, dass das gefahrvolle Unternehmen nur im Falle einer direkten oder indirekten Mitwirkung ihres kaiserlichen Bruders von Erfolg begleitet sein könne.

Sie bedauerte schmerzlich[6]) die bereits im Oktober erfolgte Abberufung des österreichischen Botschafters Mercy, in dem sie einen wahrhaft väterlichen Freund zu erblicken sich gewöhnt hatte. Leopold hatte den Grafen zum Vertreter Österreichs bei dem zwecks Beilegung der belgischen Wirren berufenen Haager Kongresse ernannt. Wohl mochte Mercy als geborener Belgier in hohem Maasse befähigt erscheinen zu der Rolle eines

---

[1]) Beer, S. 372, 20. Juli 1790: non, le prince Kaunitz ne souffrira pas la destruction, le renversement total de l' autel et du trône.

[2]) Beer, S. 370: 29. August 1790: ridicules projets de Mr. le comte d'Artois.

[3]) Feuillet de Conches: Louis XVI, Marie-Antoinette et Madame Elisabeth, I, 424.

[4]) Feuillet de Conches II, 3: 6 février 1791: Malgré toute la bonne volonté imaginable, personne ne peut l'impossible, ni donner les mains à ce qu'il ne doit pas se permettre, quand même il le pourroit.

[5]) Feuillet de Conches I, 390.

[6]) Arneth: Marie-Antoinette, Joseph II und Leopold II, S. 137, Rocheterie et Beaucourt II, 196: 3. Okt. 1790: M. de Mercy va partir: j'avoue qu'il faut que je pense que ce voyage est utile à votre service pour me consoler de son départ.

Vermittlers zwischen österreichischen Hoheitsansprüchen und vernünftigen Forderungen seiner Landsleute. Auch hatte Leopold ausdrücklich erklärt, dass er des erprobten Talentes seines langjährigen Dieners in dieser Frage nicht entbehren könne.

Aber war denn Österreich wirklich so arm an Staatsmännern, die den belgischen Eigentümlichkeiten Rechnung zu tragen gewusst hätten? Blieb keine andere Wahl als die des Mannes, dessen Bleiben am Königshofe gerade in jener kritischen Zeit der Königin besonders wünschenswert sein musste?

Leopold musste von der gefahrvollen Wendung,[1]) die die Dinge in Frankreich genommen hatten, unterrichtet sein: er konnte keinen Zweifel darüber hegen, dass seine Schwester im Notfalle zum Äussersten entschlossen sein würde.

Angesichts der offiziellen Stellung aber, die Mercy als Vertreter einer fremden Nation einnahm, mochten ihm dessen innige Beziehungen zur Königin unliebsam sein. Nur allzu nahe liegt daher die Vermutung — die spätere Haltung Leopold's macht sie fast zur Gewissheit —, dass der Kaiser, einer Einmischung abgeneigt, Mercy absichtlich seines Postens enthoben habe, um ihm die Pein zu ersparen, der mündliche Überbringer ablehnender Bescheide zu sein. Die Geschäfte der Botschaft wurden von einem Sekretär derselben weitergeführt.

Nachdem die Verhandlungen des Königspaares mit dem General Bouillé, der die an der Ostgrenze stehenden Truppen befehligte, zum Abschluss gelangt waren, machte Marie Antoinette Mercy davon Mitteilung[2]) und betonte, wie sehr ihr an einer schnellen Antwort von Seiten des Bruders gelegen sei. Denn ehe sie einen ins Einzelne gehenden Plan entwarf, wünschte sie sich zu vergewissern, ob ihr der Kaiser mit den in Brabant stehenden Truppen zu helfen geneigt sei.[3]) Von einer Verhandlung mit der konstitutionellen Partei erwartete sie keine Rettung mehr, wenngleich sie scheinbar noch mit ihr paktierte.

---

[1]) Feuillet de Conches 1, 402: Marie Antoinette an Leopold 27. Dez. 1790: notre situation est affreuse.

[2]) Feuillet de Conches 1, 416: 11. Jan. 1791.

[3]) ebenda: il ne s'agit que de connoitre les veritables intentions de l'Emp. . . . . et s'il veut nous aider des forces qu'il a dans le Brabant.

Der Inhalt der Wiener Kabinetsdepesche, die man daraufhin dem Botschaftssekretär Blumendorf zur Mitteilung an die Königin zustellte, [1]) war im höchsten Grade entmutigend. Die Verhandlungen, die das Königspaar mit den Gemässigten pflog, waren ganz nach Leopolds Sinn: [2]) man schien in Wien absichtlich den Passus übersehen zu haben, in dem davon die Rede war, dass der König sich zu jenen Verhandlungen habe bestimmen lassen, nicht aus persönlicher Überzeugung, sondern um sonst unvermeidlichen Lebensgefahren vorzubeugen.[3]) Freilich, durch eine Bezugnahme auf jene Worte, hätten der Kaiser und sein Ministerium den evidenten Beweis erbracht, dass auch sie von der Unfreiheit der Entschliessungen des Königs überzeugt seien. Die Politik Leopolds jedoch, die sich die Erhaltung des Friedens als Ziel gesetzt hatte, musste Schiffbruch erleiden, wenn man den König, wie doch der Sinn der Stelle unzweifelhaft ergab, als im Zustande persönlicher Gefangenschaft befindlich betrachtete.

Da man dem Könige den äusseren Schein der Freiheit gelassen hatte, so mochten wohl die Botschafter der fremden Mächte, die dem Treiben bei Hofe mehr oder minder fern standen, dafür halten, dass die von Ludwig erlassenen Verfügungen als freie Willensäusserungen anzusehen seien. Selbstverständlich that die österreichische Regierung nichts, die irrige Ansicht zu erschüttern. Die Instruktionen an die bei den Höfen beglaubigten Gesandten aus jener Zeit betreffen meist andere, nach österreichischer Auffassung allerdings wichtigere Punkte, wie die türkische oder polnische Frage. Denn wenn einmal die Mächte Kunde erhielten von der thatsächlichen Lage des Königs, dann konnte immerhin das Unglaubliche geschehen, dass die Suveräne Europas, gegenseitigen Misstrauens und gegenseitiger Feindschaft vergessend, sich vereinen würden zum Kampfe gegen die revolutionäre Hydra, die die Freiheit eines ihrer „Brüder" anzutasten sich erkühnte. Der Augenblick wäre gekommen gewesen, wo das monarchische Gemeingefühl die Fürsten hätte bestimmen müssen, die Sache des allerchristlichsten Königs zu der ihren zu machen. Kam

---

[1]) Feuillet de Conches I., 472; Kabinetsdepesche vom 27. Januar.

[2]) ebenda: mon frère approuve notre conduite.

[3]) Feuillet I., 116; pour ne pas découvrir nos véritables intentions . . . nous traitons dans ce moment avec une partie des factieux.

aber jener allgemeine Bund zu stande, dann fehlte Leopold jeder
Vorwand für eine Nichtteilnahme: als Monarch und naher Ver-
wandter wäre er gleichermassen verpflichtet gewesen, zu Gunsten
derer, die man befreien wollte, das Schwert zu ziehen. Das
Wiener Kabinet wollte von keiner Einmischung wissen: es war
daher klug, die Mächte im Unklaren zu lassen.

Andrerseits war man in Wien einsichtig genug, um die
verhängnisvolle Tragweite eines in jeder Beziehung ablehnenden
Bescheides zu erkennen. Welch' eine Einbusse an Einfluss und
Ehre hätte Österreich nicht erlitten, wenn ein entschiedenes Nein
des Bruders Marie Antoinette zu dem verzweifelten Schritte
getrieben hätte, unter Umgehung des Bruders, der sie im Stich
gelassen, an die Hülfe der Grossmächte zu appellieren.

In jenem Schreiben an Mercy hatte die Königin nicht ver-
säumt, einen ungefähren Termin anzugeben, der ihr für die
In-Scene-Setzung des Unternehmens geeignet erschien.[1] Zunächst
wollte sie die Antwort Leopolds abwarten: dann erst gedachte
sie die Vorbereitungen zur Flucht zu treffen. Da jene voraussichtlich einen längeren Zeitraum in Anspruch nehmen würden,
so hatte sie die Ausführung des Planes auf Ende März oder
Anfang April 1791 festgesetzt.

In seiner Antwort gab das Wiener Kabinet den sonderbaren,
jeder näheren Begründung entbehrenden Rat,[2] alle entscheidenden
Schritte auf spätere Zeiten zu verschieben. Warum? Dadurch,
dass man dem französischen Königspaare nicht jede Hoffnung
auf eine künftige Unterstützung nahm, durfte man hoffen, es
den leopoldinischen Intentionen gemäss leiten und vor übereilten,
Österreichs Ansehen gefährdenden Schritten bewahren zu können.
Für den Augenblick weigerte man jeden Beistand, wie denn auch
der in Brabant stehenden Truppen, deren Hülfe die Königin
erbeten hatte, mit keiner Silbe Erwähnung gethan wurde. Die
Fassung jenes Satzes war ausserordentlich geschickt und stellte
Leopolds diplomatischer Befähigung das beste Zeugnis aus.

---

[1] Feuillet de Conches I., 417: à la fin du mars ou commencement d'avril.

[2] Feuillet de Conches I., 472: différer à des temps plus reculés toute
prise d'un parti décisif.

In früheren Briefen hatte Leopold die Aufrichtigkeit seiner
Freundschaft in solch' überschwenglichen Ausdrücken betont,
dass Marie Antoinette glaubte, den Rat, entscheidende Schritte
auf später zu verschieben, gleichsetzen zu dürfen der Geneigtheit
des Bruders, ihr alsdann seinen wirksamen Beistand nicht zu
versagen. Auf eben jene Täuschung kam es Leopold an. Denn
genau genommen, liess der Satz völlig unklar, ob Österreich
gewillt sei, später Hülfe zu bringen, oder nicht. Leopold, als
Gegner der Interventionspolitik gab jener Phrase die letztere
Deutung; und wie verschieden konnte der Ausdruck „entferntere
Zeiten" ausgelegt werden!

Vielleicht dachte Leopold auch an die im Herbste in
Frankreich bevorstehenden Neuwahlen, hoffend, dass dieselben
der konstitutionellen Partei eine gewaltige Mehrheit bringen
würden. Inzwischen würde er sich bemühen, das Königspaar
von der Nützlichkeit eines Bundes mit jener Partei zu überzeugen; konnten dann nicht etwa beide vereint „entscheidende
Schritte" gegen die verhassten Jakobiner unternehmen? Würde
das, nicht eine bessere Lösung gewesen sein, als in einer gefahrvollen Flucht sein Heil zu suchen?

Mochte Leopold unter „entscheidenden Schritten" verstehen,
was er wollte. Thatsache bleibt, dass er wissen konnte und
musste, dass seine Schwester nach den voraufgegangenen Freundschaftsversicherungen jene Worte nicht anders deuten werde als
im Sinne einer später zu erwartenden österreichischen Hülfsleistung. Angesichts des doppelzüngigen Spieles, das Leopold
in der Frage der Unterstützung des Fluchtprojekts getrieben hat,
ist das harte Urteil schon zeitgenössischer Gegner, die den
Kaiser einen echten Florentiner,[1] einen Schüler Macchiavellis[2]
genannt haben, nur allzu berechtigt.

Marie Antoinette setzte nach wie vor ihre Hoffnung auf den
Bruder, von dem sie nichts zu erwarten hatte. Allerdings war
auch sie aufs höchste erstaunt über den in Anbetracht der

---

[1] Klinkowström: Le Cte. de Fersen et la cour de France I. 226:
er mandit Florentin.

[2] Forschungen zur deutschen Gesch. V, 270: le Souverain le plus
rusé de la terre qui sait son Macchiavel par cœur.

gefahrvollen Lage so überaus merkwürdigen Rat: zu langes
Zögern konnte alles verderben. Von Ungeduld verzehrt, begehrte
sie eine nochmalige bestimmtere Antwort (27. Februar 1791).[1]
Einen Meisterzug glaubte sie zu thun, wenn sie unter Hinweis
auf die noch immer erregten belgischen Provinzen den Beweis
zu erbringen suchte,[2] dass eine Unterstützung ihrer Pläne in
Leopolds eigenstem Interesse liege. Dass in der That die
demokratischen Clubs zu Lille und in anderen Grenzstädten die
Fortdauer der Unruhen wünschten und förderten, lag zu Tage.
In anschaulichen Farben malte sie das Gespenst der revolutionären
Propaganda, die ganz Europa mit den französischen Irrlehren
erfüllen werde.

Einen neuen Hoffnungsstrahl brachte die Erklärung der
spanischen Regierung, dem bedrängten Königspaare Beistand
leisten zu wollen, wenn der Kaiser, Sardinien und die Schweiz
ein Gleiches thun würden. Der zufällig anwesende für Wien
bestimmte spanische Courier ward zum Überbringer dieser Nachricht ausersehen.

Leopolds Antwort (14. März 1791), die der Königin durch
denselben Courier übermittelt ward, liess nicht lange auf sich
warten: sie war ganz im Ton der früher an Marie Antoinette
gerichteten Schreiben gehalten.[3] Wiederum jene schönklingenden
Phrasen von der innigen Teilnahme an dem beklagenswerten
Lose der Schwester, nur dazu dienend, die dann folgende
kategorische Absage der Königin zu versüssen. Es war die
niederschmetternde Erklärung,[4] dass er trotz persönlichen guten
Willens nicht imstande sei, für die Sache der Königin wirksam
einzutreten.

Er suchte seine Handlungsweise zu entschuldigen mit dem
Bemerken, dass nur das thatkräftige Zusammenwirken der Hauptmächte Europas einen nennenswerten Erfolg verheissen könne:

---

[1] Arneth S. 146, Rocheterie-Beaucourt II, 225.

[2] Arneth S. 146.

[3] Arneth S. 151.

[4] ebenda: malgré tout mon désir et bonne volouté je suis dans l'impossibilité,
sans le concert et concours de plusieurs des principales cours de l'Europe,
de pouvoir vous aider et tirer d'embarras aussi efficacement que je le sou-
haiterais, d'autant plus que le seul concert avec la Suisse et la Sardaigne
ne saurait pas être suffisant.

der Beitritt Sardiniens und der Schweiz als kleiner Staaten, erschien ihm wertlos. Es war freilich eine schwierige und undankbare Aufgabe, den Versuch zu machen, eine Einigung der Mächte herbeizuführen unter Hinweis auf die dem monarchischen Prinzipe drohenden Gefahren. England würde in den freiheitlichen Bestimmungen seiner Verfassung das sicherste Bollwerk gegen das Eindringen revolutionärer Ideen erblickt haben, die Zarin würde solcher Gefahren spotten.

Wenn aber Leopold, wie er der Königin glauben machen wollte, wirklich von den besten Absichten beseelt war, hätte er immerhin sich die Mühe nicht verdriessen lassen dürfen, wenigstens in eine gewisse Fühlung mit den übrigen Mächten zu treten. Nichts hiervon geschah: einem spanischen Courier ward das Antwortschreiben des Kaisers eingehändigt, der spanische Vorschlag hingegen auch nicht der geringsten Erörterung für wert befunden. Ein Bündnis Spaniens und Österreichs, dessen Beherrscher als nahe Verwandte des französischen Königs die berufenen Vorkämpfer der Sache desselben gewesen wären, hätte vielleicht auch den Anschluss anderer Staaten entschieden, z. B. den des von einem Nebenzweige der Bourbonen regierten Königreiches Neapel.

Wie aber stand es mit Preussen? König Friedrich Wilhelm hegte seit den Tagen von Reichenbach, im Gegensatz zu seinem Ministerium, den aufrichtigen Wunsch, in ein besseres Einvernehmen mit Österreich zu gelangen. Sein Vertrauter, der Oberst Bischoffwerder, ging in geheimer Mission nach Wien (Februar 1791)[1], um mit dem dortigen Hofe über die Grundlagen einer später zu schliessenden Allianz- zu beraten. Da eine solche vertrauliche Sendung dem Kaiser die erwünschte Gelegenheit bot, sich über Preussens Absichten genauer zu unterrichten, hatte er der Bitte um Empfang des preussichen Unterhändlers stattgegeben; die Gegenvorstellungen des Fürsten Kaunitz beachtete er nicht.[2] Bei den Verhandlungen war denn auch nicht Kaunitz.

---

[1] s. die Verhandlungen bei Vivenot I., 78—97.

[2] Dass Kaunitz gegen den Empfang Bischoffwerders war, zeigt ein Schreiben Leopolds (Beer, S. 386, 19. Jan. 91), in dem der Kaiser erklärt, in dieser Sache anders zu denken, als sein Kanzler: je ne puis pas vous dissimuler, que je ne trouve aucune raison pour ne pas persister dans la résolution.

sondern der Vicekanzler Cobenzl das Organ des Monarchen.[1]) Entzückt von dem gewinnenden Benehmen Leopolds, trat Bischoffwerder die Heimreise an. Hätte Leopold damals mit allen ihm zu Gebote stehenden Mitteln überzeugender Beredsamkeit den Beweis geführt, dass die schmähliche Behandlung seines Schwagers ein Einschreiten Europas erfordere, wer weiss, ob nicht der ritterliche König von Preussen, Aufrichtigkeit mit Aufrichtigkeit vergeltend und ungeachtet aller Proteste seiner Minister, sich mit dem österreichischen Nachbar verbündet haben würde zu dem edlen Werke der Errettung des französischen Königspaares? Und würde nicht im Falle eines Konfliktes mit Frankreich die Neutralität Englands einen gewaltigen Gewinn für die Sache der Verbündeten bedeutet haben, jene Neutralität, deren strikte Innehaltung der preussische Einfluss voraussichtlich durchsetzen würde? Eben jenen Konflikt aber — wir wissen bereits die Gründe — wollte Leopold vermeiden, man unterliess in Wien geflissentlich, während der Anwesenheit Bischoffwerders die französische Frage zu berühren.

Auch war Leopold keineswegs gewillt, den Worten unverzüglich Thaten folgen zu lassen.

Der Kaiser, der sich nach Abschluss jener Verhandlungen nach Italien begab (März 1791), liess dem in Wien zurückbleibenden Kaunitz völlig freie Hand; dieser, als erklärter Gegner Preussens, that natürlich alles, um das Zustandekommen der ins Auge gefassten Allianz zu vereiteln. Ja, infolge absichtlicher Verzögerung des Friedensabschlusses mit der Pforte gestaltete sich das Verhältnis der beiden Mächte äusserst gespannt. Der König selbst, in seinen Erwartungen getäuscht, begann das Misstrauen seines Ministeriums gegen die österreichische Politik zu teilen.

Darin allerdings unterschied sich die Auffassung Leopolds von der seines Kanzlers, dass Kaunitz jedes Bündnis mit Preussen verwarf, der Kaiser jenen Anschluss nur auf spätere Zeiten verschoben wissen wollte. Denn im gegenwärtigen Augenblick musste die, wie natürlich, wenig entgegenkommende Haltung Preussens

---

[1]) Vivenot I., 78: Bischoffwerder an Cobenzl: suivant les ordres de V. Exc.; I., 87: Cobenzl teilt die Bewilligung der Audienz mit, und a. a. O.

einen der vielen Vorwände abgeben, mit denen er der Schwester gegenüber sein Nichtsthun zu beschönigen beabsichtigte.

Immerhin aber mochte er Bedenken tragen, selbst die Verantwortung für seine zweideutige Handlungsweise zu übernehmen; er scheute sich, persönlich die näheren Gründe anzugeben, die ihn bestimmten, ein Gegner des Fluchtprojekts zu sein. Leopold wusste, dass die Zeit drängte, es wäre seine Pflicht gewesen, dem spanischen Courier, der auf dem kürzesten Wege nach Paris zurückzukehren gedachte, einen Brief mitzugeben, dessen Inhalt jeden Zweifel über die Absichten des Kaisers ausgeschlossen hätte.

Mercy, dem Leopold in einem ausführlichen Schreiben seine Ideen auseinandergesetzt hatte, ward die undankbare Rolle, der Königin Kunde zu geben von den Plänen des Bruders. So also erfüllte man die dringende Bitte Marie Antoinettes um baldige Antwort. Absichtlich liess man die günstige Gelegenheit vorübergehen, um auf langwierigen Umwegen, in einer Zeit höchster Not, die so sehnsuchtsvoll erwarteten Nachrichten den Unglücklichen zukommen zu lassen.

Leopolds Brief trägt das Datum des 14. März. Tags darauf verliess er die Hauptstadt,[1] um eine Reise nach Italien anzutreten, auf der er bald in dieser, bald in jener Stadt seinen Wohnsitz aufschlug. Es war oft schwer, den jeweiligen Aufenthaltsort des Kaisers zu bestimmen, unter welchem Übelstande — Leopold mochte es vielleicht ein Glück nennen — der Nachrichtendienst ausserordentlich litt. Die nächsten Monate schon mussten über das Schicksal der französischen Königsfamilie entscheiden; Leopold, mit Grund fürchtend, durch eine offene Stellungnahme gegen die Schwester sein Ansehen zu untergraben, zog es vor, allen Verhandlungen aus dem Wege zu gehen und die Dinge ihren Lauf nehmen zu lassen.

Mercy entledigte sich seines Auftrags mit diplomatischer Geschicklichkeit. Er legte ausführlich dar, dass infolge der Unsicherheit der politischen Lage der Kaiser sich nicht entschliessen könne noch dürfe, zu Gunsten der bedrängten Monarchie einzuschreiten.[2]

---

[1] Arneth, S. 151, Brief vom 14. März: je pars demain pour l'Italie.
[2] Arneth S. 147, 152, 154: 7. März, 29. März, 5. April 1791.

Die spanische Erklärung, auf die Leopold in seiner Antwort
keinen Bezug genommen hatte, erklärte Mercy schlechthin für
eine Ausflucht, die jener Hof ersonnen habe, um Gefahren, die
er selbst vermeiden wolle, anderen aufzubürden. Österreich habe
aber schon genug zu thun mit der Beilegung der Unruhen in
Belgien, deren Fortdauer von Preussen und England ersichtlich
begünstigt würde. Die dort stehenden Truppen zu anderen
Zwecken zu verwenden, würde das Signal zu einem neuen Auf-
stande geben heissen.

Der Drohung, dass in den Niederlanden keine Ruhe sein
werde,[1] bevor nicht der in Frankreich herrschenden Anarchie
ein Ende gemacht sei, achtete man nicht. Die Hetzereien der
französischen Demokraten, glaubte man, würden nicht im stande
sein, eine Wiederherstellung der Ordnung zu verhindern. Mercy
sprach offen aus, dass nur ein Bürgerkrieg den König retten
könne;[2] ohne diese Vorbedingung sei an eine wirksame Einmischung der Mächte gar nicht zu denken. Er rechnete auch
bereits mit der voraussichtlichen Erwiderung seitens der Königin,
dass, sobald der König frei sein und Österreich und andere
Mächte Geneigtheit zu thätigem Beistand zeigen würden, eine
Erhebung der royalistischen Elemente zweifellos folgen würde.
Für diesen Fall hatte er eine andere wichtigere Bedingung vor-
gesehen, strikte Neutralität Englands.[3] Kein Opfer dürfe zu
teuer sein, um jene Macht, wenn nicht zu gewinnen, so doch
nicht zum Feinde zu haben. Angesichts der schwierigen Lage
sei es das Beste, mit der Ausführung des Planes noch zu warten.

Marie Antoinette sah, dass der Kaiser seinen Beistand an
Bedingungen knüpfte, deren Erfüllung doch äusserst ungewiss
war. Ihre Lage ward von Tag zu Tag verzweifelter: Schmach
häufte sich auf Schmach.

---

[1] Arneth S. 146: 27. Febr. 1791: il y a bien à craindre que, si
longtemps qu'il n'y aura pas un ordre quelconque en France, le Brabant
même ne vous sera pas entièrement soumis.

[2] Arneth S. 153: aucun changement décisif et favorable à la royauté
ne peut avoir lieu en France que par une guerre civile.

[3] Arneth S. 150: la neutralité de l'Angleterre devient alors indispensable; il faut l'obtenir à tout prix.

Da endlich trat ein Ereignis ein, das selbst den kaltblütigen Mercy erbeben machte. es war die Scene des 18. April. Durch seine drohende Haltung hatte der Pöbel den König an der Fahrt nach St. Cloud verhindert, wo dieser zur Feier des Osterfestes mit seiner Familie das Abendmahl aus den Händen eines unbeeidigten Priesters hatte empfangen wollen.

Man erkannte in den Tuilerien, dass es unter diesen Umständen Wahnsinn sei noch länger zu zaudern; lauteten doch auch die Berichte, die über den unter den Truppen Bouillés herrschenden Geist einliefen. immer beunruhigender. Mercy ward aufgefordert, sich unverzüglich über die Aufstellung eines 30 000 Mann starken österreichischen Corps an der Grenze zu äussern, da sonst die zwecks Unterstützung des Fluchtplans von Bouillé geplante Zusammenziehung von Truppen [1]) gerechten Argwohn erwecken werde. Sie vermied noch einen direkten Beistand durch die Truppen ihres Bruders zu erbitten, wie Bouillé, um des Gelingens desto sicherer zu sein. es gewünscht hatte. Man hatte ja jetzt die Beweise in den Händen, wie wenig Leopold von einer thätigen Mitwirkung wissen wollte. Es war vorteilhafter, vorerst jene gewiss billige Bitte zu stellen. deren Erfüllung den vorsichtigen, ängstlichen Bruder nicht kompromittieren konnte. Ihr Notschrei. hoffte sie. werde ihn vielleicht sogar aus seiner trägen Ruhe aufrütteln und bestimmen, wirksamer, als er bisher gewillt gewesen war, für die Sache des Königs einzutreten.

Mercy verhehlte sich nicht. dass die Königin im Augenblick der Entscheidung höhere Forderungen stellen werde. Wie viel günstiger mussten sich die Aussichten für ein Gelingen der Flucht gestalten. wenn die Österreicher. ihre passive Haltung aufgebend. in Frankreich einrücken und zur Vereinigung mit den Truppen Bouillés schreiten würden.

Mehr als einmal hatte Mercy Gelegenheit gehabt. Zeuge von der Krone widerfahrenen Kränkungen zu sein, doch noch nie hatte man in so offenkundiger Weise die Bewegungsfreiheit des Königs zu hemmen gewagt. Die Stimme des Mitleids regte sich in ihm: aber Sympathie und Pflicht hatten einen harten Kampf

[1]) Arneth S. 157.

mit einander zu bestehen. Die vom Kaiser erteilte Vollmacht
ging doch keineswegs so weit, dem Grafen ein unbeschränktes
Verfügungsrecht über die Verwendung der im Lande stehenden
Truppen zu erteilen.

Mitten in Friedenszeiten eine Armee fremden Boden betreten
zu lassen, war doch ein Ereignis, dessen Folgen so unabsehbar
waren, dass eine ausdrückliche Zustimmung des Monarchen unbedingt erforderlich war. Mercy erbat sich daher vom Kaiser
Instruktionen,[1]) wie er sich zu einer etwaigen Bitte der Königin
um direkte Unterstützung durch österreichische Truppenteile zu
stellen habe.

Überhaupt sollte die Hoffnung Leopolds, durch seinen
Aufenthalt in Italien, sowie das stete Hin- und Herreisen einer
jeden weiteren Einmischung in die französischen Angelegenheiten
überhoben zu sein, sich als durchaus trügerisch erweisen.

Die Emigranten, keineswegs entmutigt durch die ihnen
gewordene Abfertigung, hatten nicht aufgehört, dem Kaiser ihre
Hülfsgesuche zu unterbreiten. Die letzten Ereignisse kamen
ihnen ausserordentlich gelegen: sie führten eine Sprache, beredter,
als alle mündlichen oder schriftlichen Beweisführungen hätten
thun können: wenn noch ein Zweifel an der Unfreiheit des
Königs bestanden hatte, diese Scenen mussten jedes Bedenken
verstummen heissen. Im Anfang des Jahres hatte Leopold den
Emigranten gegenüber seine ablehnende Antwort zu entschuldigen
gesucht mit dem Bemerken, nur im Einverständnisse mit dem
französischen Königspaare irgend welche Schritte unternehmen
zu wollen. Allerdings konnte ihm auch damals schon die Absicht
der Königin, sich durch die Flucht zu retten, nicht unbekannt
sein. Es entsprach durchaus seinem Interesse, und er konnte
sich rühmen, damit der Schwester einen Beweis seiner angeblichen
Freundschaft zu liefern, die Emigranten völlig im Unklaren über
die zwischen ihm und dem Tuilerienhofe gepflogenen Verhandlungen zu lassen. Das Glück begünstigte ihn insofern, als,
wenigstens einstweilen, durch keine Indiskretion den Emigranten
Kunde von jenen Vorgängen ward.

---

[1]) Arneth, S. 160: il (d. h. ein Courier) insiste sur les moyens qu'il
conviendrait d'y adapter.

Je mehr aber der Verlauf der Dinge eine baldige Entscheidung voraussehen liess, um so schwieriger musste es werden, jenen die Wahrheit zu verhüllen. Als vollends Breteuil seinen Vertrauten Bombelles an das Hoflager des Kaisers nach Italien sandte, hielten auch die Emigranten, in der sicheren Erwartung, dass jener gekommen sei des Kaisers Beistand zu erbitten, den Augenblick für günstig, Leopold ihre Wünsche von neuem zu unterbreiten. Wohl hätte Leopold aus freiem Ermessen die Antwort erteilen können, dass er nach wie vor gesonnen sei, den Plänen der Emigranten keine Unterstützung angedeihen zu lassen: aber wie viel angenehmer musste es für ihn sein, wenn er jenen einen Brief der Schwester vorlegen konnte, der jede Teilnahme der Emigranten am Befreiungswerke missbilligte. Er selbst konnte dann die Rolle des mitleidigen Freundes spielen, der gern helfen möchte, aber nicht könne, weil die Königin von Frankreich es nicht wünsche. Dieses Verfahren gewährte ihm gleichzeitig den Vorteil, die Schritte der Emigranten seinen Absichten gemäss zu lenken. Man brauchte ihnen, erwog er, wohl nur einige Hoffnung zu machen, dass die Gelegenheit, ihnen zu helfen, sich doch noch einmal bieten werde, um sie vor unbedachten, waghalsigen Unternehmungen zurückhalten zu können. Er band sich ja keineswegs, wenn er die Aussicht auf spätere Unterstützung würde durchblicken lassen.

So geschah es denn, dass er die Abreise Artois' nach den Niederlanden, in eben jenes Land, wohin, wie er wusste, die Königin zu fliehen gedachte, ohne weiteres zuliess. Dass dieser plötzliche Aufenthaltswechsel nur dazu dienen könne, in Frankreich erhöhten Argwohn gegen die Königsfamilie hervorzurufen, konnte er sich nicht verhehlen. Bei vermehrter Wachsamkeit musste die Ausführung des Unternehmens auf um so grössere Schwierigkeiten stossen, eine vorzeitige Entdeckung befürchtet werden. Der König, gezwungen, im Lande zu bleiben, würde sich nicht länger sträuben, jenes Bündnis mit den Konstitutionellen einzugehen, das allein die Rettung des Königtums verbürgen konnte. Diese würden sich gewiss mit Freuden dem Monarchen zur Verfügung stellen zum Kampf gegen die Radikalen, wenn er nur aufrichtige Neigung bekundete, ein engeres Einvernehmen herzustellen.

Später hat Leopold einmal geäussert,[1]) die wahre Gegenrevolution müsse von dem Innern des Königreiches ausgehen,
ohne Beihülfe des Auslandes. Es liegt kein Anlass vor, daran
zu zweifeln, dass jene Auffassung auch damals schon den Kaiser
völlig beherrschte. Denn wenn die Flucht gelang, so ward
Belgien ohne Zweifel der Schauplatz neuer Unruhen. Aber weit
grösser als diese Gefahr noch war die einer kriegerischen Verwicklung mit Frankreich. Pflicht und Interesse hätten gleichermassen geboten, den geflüchteten König auf den Thron seiner
Väter zurückzuführen. Blieb dieser dagegen in Frankreich, nun,
dann konnte er selbst nach den Mitteln und Wegen sich um-
sehen, die den Fortbestand der Monarchie sicherten.

Leopold suchte alle voreiligen Schritte der Emigranten zu
verhindern, liess ihnen aber solche Bewegungsfreiheit, dass er
hoffte, ihre Indiskretion werde Marie Antoinette noch im letzten
Augenblicke vor der Flucht zurückschrecken lassen.

Diese Berechnung indes erwies sich als verfehlt: das un-
gestüme Gebahren der Emigranten hat die Königin in ihrem
Entschlusse, unverzüglich zur Ausführung des Unternehmens zu
schreiten, nur bestärkt.

Erst auf wiederholtes dringendes Ersuchen [2]) entschloss sich
Leopold, Marie Christine Auskunft darüber zu geben, was sie
von dem, was die Emigranten von seinen Versprechungen aus-
posaunten, für wahr oder erfunden zu halten habe. Er hütete sich,
ihr, wie man erwarten sollte, ausdrücklichen Auftrag zu erteilen,
die Erzählungen der Emigranten offenkundig Lügen zu strafen.
War doch nur zu sehr zu befürchten, dass die so Getäuschten
sich zu verzweifelten Schritten fortreissen lassen könnten.

Auch der Königin gegenüber konnte sich der Kaiser nicht gut
länger in Schweigen hüllen.

---

[1]) Wolf S. 272: la vraie contre-révolution qui ne peut se former que dans
l'intérieur du pays etp as par des mesures violentes du dehors (25. Okt. 1791).

[2]) Schlitter: Briefe Marie Christines und Leopolds. 5., 16., 21. Juni
bittet Marie Christine um Auskunft über Leopolds Abmachungen mit Artois
(S. 110, 117, 120); S. 110: je vous conjure à genoux de nous envoyer par
un courrier vos ordres . . . S. 117: j'ose renouveler la prière de nous bien
mettre au fait et de ce que vous avec accordé ou arrangé avec le comte
d'Artois . . S. 120: au nom de Dieu, daignez bien instruire . . . . des circonstances, de vos engagements avec le comte d'Artois.

Nachdem fast zwei Monate vergangen waren. ohne dass ein brieflicher Verkehr der Geschwister stattgefunden hatte, richtete Leopold an die Königin ein Schreiben (2. Mai 1791),[1]) das mit Recht jene aufs höchste befremden musste. Leopold führte die Rolle des angeblich unwissenden Freundes meisterlich durch. Er beklagte sich. dass man ihn, der eine so herzliche Teilnahme für seine von schwerem Unglück betroffenen Verwandten hege. nicht über die wahren Absichten des Königspaares unterrichtet habe.

Seine eigenen Briefe widerlegten jene willkürlich aufgegriffene Beschuldigung. Er hatte ausdrücklich den Empfang der beiden von Marie Antoinette an ihn und Mercy gerichteten Schreiben bestätigt.[2]) in denen diese in eingehender Weise ihre Pläne auseinandergesetzt hatte.

Nicht minder aus der Luft gegriffen war auch die Erklärung. der französische Hof habe zwar versprochen, eine Vertrauensperson zu senden. die ihn in alle Geheimnisse einweihen sollte, aber bis zum heutigen Tage sei es nicht zur Ausführung dieses Versprechens gekommen. Und dabei hatte Marie Antoinette ihm bereits vor einem halben Jahre[3]) die Bitte zugehen lassen, nur durch sie oder durch Mercy beglaubigten Personen Vertrauen zu schenken. Und deren hätte Leopold wahrlich genug finden können, wenn er nur gewollt hätte. Sobald er sich aber an jene wandte. wie konnte er alsdann noch mit ruhigem Gewissen die Erklärung abgeben. von dem französischen Könige ohne jede Nachricht über dessen Pläne und Absichten gelassen zu sein? Leopold zog daher vor. jenes Schreiben der Königin als gar nicht erhalten zu betrachten.

Breteuil. der Bevollmächtigte des Königs, erkennend, dass jedes längere Zögern nur ein Fortschreiten auf der Bahn des Verderbens bedeuten könne, hatte in eben jenen Tagen Bombelles zum Kaiser, der damals in Florenz weilte, gesandt.[4]) Dieser

---

[1]) Arneth S. 161.

[2]) Arneth S. 146.

[3]) Arneth S. 143: je prie mon frère de n'écouter personne, sans que les personnes qui se diraient chargées de quelques commissions, ne soient porteurs d'une lettre de M. le comte de Mercy ou d'une chiffre d'ici. (19. Dez. 1790.)

[4]) Klinkowström I, 113: Mémoire du Baron de Breteuil à l'Empereur, remis par M de Bombelles à Florence. le 3. Mai 1791.

stellte Leopold die verzweifelte Lage seines Suveräns vor, der
man unbedingt ein Ende machen müsse. Die Nichteinmischung
der fremden Mächte trage nur dazu bei, die Verwegenheit der
Revolutionäre zu steigern. Man hoffe in den Tuilerien, dass
brüderliche Zuneigung und die Erkenntnis der den Thronen
Europas drohenden Gefahren den Kaiser veranlassen würden,
nichts unversucht zu lassen, die Unglücklichen zu erretten. Es
werde nicht schwer halten. Spanien, Sardinien, die Schweiz und
auch das Reich zu einer Koalition zu vereinen: der Kaiser möge
nur dazu auffordern und durch gleichzeitiges In-Bewegung-Setzen
seiner in den Grenzlanden befindlichen Truppen ernsten Willen
bekunden. Zum Schlusse bat Bombelles den Kaiser, Anweisung
auf ein dem Könige zur Verfügung zu stellendes Darlehen von
15 Millionen geben zu lassen. „Das Heil der Königin von
Frankreich", erklärte er, „das der Monarchie und die Ruhe der
Regierung Leopolds hängen davon ab. Wenn man den ebenso
verwegenen wie erschrecklichen Fortschritten der Demokratie
keine Schranken setzt, wird kein Thron mehr auf festen Grundlagen ruhen." [1]

Man hatte die Rechnung ohne den Wirt gemacht: darin glich
der Kaiser ganz seinem greisen Kanzler, dass er nüchtern und kalt-
blütig wie jener, sich nur von politischen Gesichtspunkten leiten liess.

Wir wollen nicht soweit gehen, Leopold jede Teilnahme
für das Schicksal seiner Schwester abzusprechen. Obgleich
Bruder und Schwester sich von jeher mit einer gewissen Kühle
gegenüberstanden, so war das Gefühl der gemeinsamen Ab-
stammung in ihnen doch keineswegs völlig erstorben. Darin
aber bestand der verhängnisvolle Irrtum Marie Antoinettes,
dass sie von einem so nahen Verwandten nicht nur brüderliche
Zuneigung, sondern auch, wenn nicht jede, so immerhin eine
gewisse Förderung auch ihrer politischen Absichten erwarten
zu können glaubte. Wie falsch beurteilte die sonst so kluge
Frau ihren Bruder. Als Mensch mochte Leopold Mitleid, auf-
richtiges Mitleid mit der bejammernswerten Schwester haben:
sich in seiner Politik auch nur im geringsten von solchen Gesichtspunkten leiten zu lassen, war der Kaiser nicht gesonnen.

[1] Klinkowström I., 114-5, 3. Mai 1791.

Er kannte nur ein Ziel: die Wohlfahrt Österreichs. In dessen Interesse aber schien ihm eine Schwächung Frankreichs durchaus geboten. Dass es natürlich unmöglich war, mit dieser Erwägung eine Versagung des Beistandes öffentlich zu motivieren, liegt auf der Hand, nicht minder aber auch, in welch schwierige Lage der Kaiser durch sein Benehmen geraten konnte. Wollte er sich die ihm von den Suveränen Europas entgegengebrachte persönliche Achtung erhalten, so musste er Bedenken tragen, auf die Hülfsgesuche seiner Schwester eine schroff ablehnende Antwort zu erteilen. Das Staatsinteresse andrerseits verlangte, dass man bei jener Politik absoluter Zurückhaltung verharrte.

Wie hätte der Nachfolger der klugen Medicäer sich nicht jenes Mittels bedienen sollen, das den Florentinern einst zu so grossen Erfolgen verholfen hatte? Schon seit Monaten hatte der Kaiser eine heuchlerische Miene angenommen: es erschien ihm zweckmässig, dieses System, das ihm die Handhabe bot, die Parteien nach seinem Willen zu lenken, auch ferner zu befolgen.

So versteht man Leopolds Brief vom 2. Mai.

Es war nur natürlich, dass, nachdem er die unwahre Behauptung aufgestellt hatte, über die Absichten seiner Verwandten in Unkenntnis gelassen zu sein, er auch auf die ihm seitens Bombelles gemachten Eröffnungen näher einzugehen keine Veranlassung nahm. Der Königin gegenüber wollte er keine Kunde davon haben, dass die Lage, in der diese sich befand, wirklich eine so verzweifelte sei, wie sie der französische Abgesandte schilderte. Er hütete sich daher, auch die leiseste Andeutung über seine etwaige Stellung zu dem geplanten Unternehmen fallen zu lassen. Mit demselben Stillschweigen überging er auch die Forderung Bombelles' um Gewährung jenes Darlehens von 15 Millionen.

Unverkennbar ist die grosse Ähnlichkeit dieses Schreibens mit jenem, das Leopold im März seiner Schwester hatte zustellen lassen. In beiden Fällen hatte man eben diejenigen, die gekommen waren, vom Kaiser bestimmte Erklärungen zu erbitten, mit einem einer Absage fast gleichkommenden Bescheide heimgeschickt. Hier wie dort jene überschwenglichen Freundschaftsversicherungen, die durch Thaten zu beweisen, man doch so weit entfernt war.

Marie Antoinette war mit Recht über das absonderliche Schreiben des Kaisers erstaunt.[1] Aber sie hütete sich, ihn ihr Misstrauen merken zu lassen; noch hatte sie nicht alle Hoffnung auf österreichischen Beistand aufgegeben. Leopold ward daher ersucht, ihr für den Fall des Gelingens der Flucht ein 8—10000 Mann starkes österreichisches Corps zur Verfügung zu stellen, das, wenn erforderlich, durch einen Einmarsch in Frankreich die Bewegungen der Truppen des Generals Bouillé zu unterstützen bereit sei. Sie bat den Bruder, Mercy von seinen Entschliessungen unverzüglich Kenntnis zu geben. (22. Mai 1791.)

Die Königin war klug genug gewesen, ihre Forderungen nicht allzu hoch zu spannen. Sie wusste, dass der Kaiser, dessen geringe Neigung zu helfen ihr wohl bekannt war, in übertriebenen Ansprüchen nur einen Vorwand zu völliger Thatenlosigkeit suchen würde. Von den 30000 Mann, deren Mitwirkung sie Mercy gegenüber als unerlässlich betont hatte, war keine Rede mehr. Auch sollten die österreichischen Truppen erst nach geglückter Flucht und nur auf ausdrückliches Ersuchen des Königs in Aktion treten.

Mit ähnlichen Aufträgen hatte inzwischen Breteuil auf Ludwigs Wunsch Bombelles aufs Neue nach Italien gesandt.

Von allen Seiten bestürmt, konnte der Kaiser nicht mehr umhin, deutlichere Erklärungen abzugeben. Er machte Bombelles die weitgehendsten Versprechungen, er wolle, versicherte er, Mercy unverzüglich von dem Resultate der Verhandlungen unterrichten und ihm Befehl erteilen, dem Könige die erbetene Summe zur Verfügung zu stellen. Die Truppenführer hätten Anweisung erhalten, den Befehlen des Königs wie seinen eignen zu gehorchen. Bombelles unterliess nicht, die Aussagen des Kaisers aufzuzeichnen und sie bei einer neuen Audienz zur Begutachtung vorzulegen. Leopold erklärte sich mit den in dem Schriftstück enthaltenen Darlegungen einverstanden, vermied jedoch, dieser Zustimmung durch eine schriftliche, dem Unterhändler mitgegebene Äusserung den Charakter einer offiziellen Beglaubigung zu verleihen.[2] Denn in dem Augenblick, wo Leopold eine schriftliche Zusage seines

---

[1] Arneth S. 165: je suis étonnée que vous soyez si peu instruit de nos véritables intentions.

[2] Vgl. Klinkowström I., 130 131: Breteuil an Fersen (29. Mai 1791).

Beistandes aus der Hand gab, gebot auch seine und seines Hauses Ehre. — und kein Hinweis auf die Unsicherheit der politischen Lage hätte ihn zu entschuldigen vermocht — jenes Versprechen der Befreiung ritterlich einzulösen. Mündliche Verheissungen aber, mochten sie noch so weit gehen, waren leere Versprechen und als solche nicht bindend. Ähnlich lautete die Antwort, die Leopold damals Artois erteilte. (18. Mai 1791.)

In Wirklichkeit war die in Aussicht gestellte Hülfsleistung an Bedingungen geknüpft,[1]) deren Erfüllung im höchsten Grade unwahrscheinlich, ja ausgeschlossen erschien: vor allem legte der Kaiser Gewicht auf das einmütige Zusammenwirken aller europäischer Mächte.[2])

Wir kennen bereits die damalige Stellung der Mächte zu einander und wissen, wie gross und wie zahlreich die Schwierigkeiten waren, die sich dem Zustandekommen eines gemeinsamen Unternehmens in den Weg stellten. Man konnte also Leopold nicht des Leichtsinns zeihen, wenn er, von der Überzeugung der Unerfüllbarkeit jener Hauptbedingung durchdrungen, in den Emigranten gewisse Hoffnungen wachzurufen schien. Dieses weitgehende Entgegenkommen bot den Vorteil, die Emigrantenpartei seinen Absichten gefügig zu machen und von einseitigen gefahrvollen Unternehmungen fernhalten zu können.

Die Emigranten aber gingen weiter. Um sich später als Retter des Königs brüsten zu können, schraken sie selbst vor dem verwerflichen Mittel einer Fälschung nicht zurück. An Stelle des die thatsächlichen Erklärungen Leopolds enthaltenden Protokolls setzte man ein neues auf, nach dem der Kaiser ihnen, den Emigranten, im umfassendsten Masse Beistand zu leisten versprach. Graf Durfort ward mit der Ueberreichung dieses gefälschten Protokolls in den Tuilerien betraut.

Marie Antoinette, von jeher gewöhnt, in den Emigranten elende, selbstsüchtige Ränkeschmiede zu erblicken, betrachtete das Schriftstück von vornherein als das, was es war. Ein so

---

[1]) Beer S. 404.
[2]) M. Lenz: Die Vorbereitung der Flucht Ludwigs XVI., Hist. Ztschrft. Bd. 72, S. 240: l'intention de l'Empereur est d'entrer avec des forces plus menaçantes, des qu'il sera de concert avec les autres puissances.

plötzlicher und so völliger Gesinnungswechsel des Kaisers erschien ihr zudem nach allem, was voraufgegangen, ausserordentlich unwahrscheinlich. Es galt daher, sich Gewissheit zu verschaffen. Unverzüglich fertigte sie einen Courier an den Kaiser ab (1. Juni 1791), der diesem das ihr verdächtig erscheinende Papier überreichen sollte; beigefügt war ein Schreiben,[1]) in dem die Königin in dringenden Worten Aufklärung begehrte.

Die Antwort, die Leopold, um jeden Zweifel an seinem Interesse für das Schicksal der Schwester auszuschliessen auf dem Fusse folgen liess, war dunkel wie das Orakel der Pythia (12. Juni 1791).[2]) Anstatt mit dürren Worten das ganze Mach-werk als elenden Betrug zu bezeichnen, begnügte er sich mit der nichtssagenden Bemerkung, dass er das Schriftstück nach Einsichtnahme von dessen Inhalt der Königin zurücksende.[3]) Die dann folgenden Auseinandersetzungen schienen ein gewisses Ein-gehen auf die von Leopold dem gefälschten Protokoll zufolge gemachten Zusagen zu bekunden. Von dem Beistande, den Sardinien, die Schweiz, das Reich und wohl auch Preussen dem Könige, wenn er einmal gerettet sei, leisten würden, sprach er wie von einer bereits feststehenden Thatsache. Für sich selbst erklärte er sich zur Erfüllung aller Wünsche seiner Schwester bereit. Geld, Truppen, alles, was er besitze, stelle er ihr zur Verfügung.[4]) Die nötigen Befehle seien bereits an Mercy erlassen. Der Kaiser sprach seine grosse Befriedigung darüber aus, endlich einmal durch Thaten seinem Verwandten und Alliierten einen Beweis seiner aufrichtigen Freundschaft geben zu können. Was er nun aber thatsächlich versprochen hatte, und von welchen Voraussetzungen er die zu gewährende Beihülfe abhängig machte, darüber unterliess er genauere Angaben zu machen. Seinen Prinzipien getreu, zögerte er auch dieses Mal, eine bestimmte Erklärung, auf die die Königin so eifrig gedrungen, abzugeben.

Wir können nicht feststellen, ob Marie Antoinette jenen Brief noch vor ihrer Abreise aus Paris erhielt oder nicht; jedenfalls

---

[1]) Feuillet de Conches II., 72.

[2]) Feuillet de Conches II., 78.

[3]) ebenda: j'ai reçu la lettre que vous m'avez écrite . . . . . j'ai reçu le papier ci-joint, que je vous renvoie.

[4]) ebenda: S. 79: argent, troupes, tout sera à vos ordres.

stand ihr Entschluss, in den ersten Wochen des Juni das Unternehmen zu wagen, bereits unbedingt fest. Ihr Stolz verschmähte
es, den verhassten Emigranten den Ruhm der Befreiung des
Königspaares zu gönnen. Lieber wollte sie die grössten Gefahren
bestehen, ja untergehen, als ihren Nacken unter das alsdann
unvermeidlich gewordene Joch ihrer Retter beugen. Und als nun
gar von Mercy die Nachricht einlief, der so sehnlich erwartete
Courier, der die Befehle des Kaisers bringen müsse, sei noch
immer nicht eingetroffen.[1]) verzweifelte sie an fremden Beistand
und schritt, dem Zufall das Gelingen anheimstellend, zur Ausführung des schon so lange ins Auge gefassten Planes.

Jedermann kennt den unglücklichen Ausgang: in Varennes
angehalten, musste der König mitsamt seiner Familie unter den
Verwünschungen des Volkes in die Gefangenschaft zurückkehren.

Würde nicht, fragen wir unwillkürlich, das Unternehmen
vielleicht doch von Erfolg gekrönt gewesen sein, wenn damals
die Österreicher einen Vorstoss über die Grenze gemacht, sich
mit Bouillé vereint und in verwegenem Ansturm den König aus
der Mitte jener mehr erregten als mutigen Volksmenge heraus-
gehauen hätten? Leopolds Erklärungen zufolge waren ja die
nötigen Befehle gegeben; warum zauderte Mercy sie auszuführen?
Dieweil nahe der rettenden Grenze die Katastrophe erfolgte,
standen die Kaiserlichen Gewehr bei Fuss, ohne einen Schritt zu
Gunsten der Schwester ihres Herrn zu thun.

Wir sahen bereits, warum Leopold sich hütete, schriftliche
Erklärungen aus der Hand zu geben; mündlich gemachte Versprechungen brauchte und gedachte er nicht zu halten. Der
Versicherung Leopolds, Mercy durch einen Courier unverzüglich
die nötigen Befehle zustellen zu wollen, konnte Bombelles nicht
anders als Glauben schenken. Diese Zusage zu erfüllen, war
aber nicht des Kaisers Meinung. So äusserte er gegenüber
Kaunitz,[2]) dass selbstverständlich gar nicht an die Bewilligung
jener 15 Millionen zu denken sei; diese Forderung werde man
auf anständige Weise abzulehnen sich bemühen müssen.

---

[1]) Arneth S. 176 (9. Juni 1791).
[2]) Beer S. 409: quant a la demande de 15 millions, il faudra la decliner
de bonne façon, puis qu'elle n'est pas exécutable (20. Mai 1791).

Als er, schon längere Zeit im Besitz eines die Vorgänge
des 18. April schildernden Schreibens Mercys, sich endlich
bequemte, diesem zu erwidern (20. Mai 1791), war er bemüht,
diesem Briefe einen Inhalt zu geben, der Mercy mehr zu entmutigen
als hoffen zu lassen geeignet war. Anstatt bestimmte Befehle
zu erteilen, verwies er ihn auf die Eröffnungen, die ihm durch
den Fürsten-Staatskanzler zugehen würden.[1] Da Kaunitz von
seinen Absichten informiert sei, könne er sich mit dessen Ausführungen nur einverstanden erklären. Über die Aussichten
des von der Königin geplanten Unternehmens sprach er sich
sehr ungünstig aus. So sehr er früher ein Anhänger des Fluchtprojekts gewesen, so entschieden müsse er nunmehr dasselbe als
in hohem Grade gefährlich missbilligen. Phrase, leere, jeder
näheren Begründung entbehrende Phrase! Leopold konnte auch
nicht im Zweifel sein, dass der über das Schicksal des Königs
und der Königin von Frankreich entscheidende Augenblick unmittelbar bevorstehe; je länger er also die Absendung der ver-
sprochenen Befehle hinausschob, um so grösser ward die
Wahrscheinlichkeit, dass eine Befolgung derselben im gegebenen
Augenblick unterblieb.

Wenn Leopold ernstlich gewillt war, Mercy unzweideutige
Befehle betreffs der zu leistenden Unterstützung zu geben, so
musste er ihm diese auf dem kürzesten Wege zukommen lassen.
Was that der Kaiser? Er sandte das für den Grafen bestimmte
Schreiben nach Wien an die kaiserliche Kanzlei, deren Leiter
sich keineswegs mit der Absendung der so wichtigen Instruktionen
beeilte.

Kaiser und Kanzler tragen an dieser Verzögerung, und damit an dem Fehlschlagen des Fluchtplans gleiche Schuld. Kaunitz
hatte damals andere, für Österreichs Zukunft allerdings hoch-
wichtige Interessen im Auge: es galt Stellung zu nehmen zu den
durch den Staatsstreich des 3. Mai in der Republik Polen hervor-
gerufenen Veränderungen. Der Abbruch der zwischen der Pforte
und Österreich zu Sistowa angeknüpften Friedensunterhandlungen
musste jeden Augenblick zu gewärtigen sein. „Dieser Schwall
der dringendsten Geschäfte", aber, dürfen wir hinzusetzen, auch

[1] Feuillet de Conches II, 60.

die Unlust. die Kaunitz zu jeder Einmischung in die französischen
Angelegenheiten bekundete, hinderten ihn. das Schreiben des Kaisers.
dem er seine eigenen Bemerkungen hinzufügte,[1]) unmittelbar
nach Empfang desselben an Mercy weiterzusenden.

Kaunitz entledigte sich zunächst des ihm von seinem kaiserlichen Herrn gewordenen Auftrags, indem er dessen Worte
benutzte, um dem Grafen sein ferneres Verhalten vorzuschreiben.
Mercy ward angewiesen. die in den Niederlanden stehenden
Truppen zur Unterstützung des Königs bereit zu halten. In
Aktion sollten sie aber nur treten für den Fall, dass der König
ausdrücklich ihre Mitwirkung verlange, und Mercy selbst von
ihrer Verwendung ausserhalb belgischen Gebietes keine Gefahr
für die Ruhe der dortigen Provinzen besorge. Immer und immer
wieder aber hatte Mercy über die in einzelnen Provinzen,
besonders in dem der Grenze benachbarten Brabant, noch
herrschende Unsicherheit geklagt. Wenngleich er persönlich
tiefes Mitleid mit der unglücklichen Tochter der Maria Theresia
empfand und an höchster Stelle ihre Forderungen zu vertreten
sich nicht scheute, so vergass er doch keinen Augenblick, dass
er vor allem kaiserlicher Beamter, und als solcher verpflichtet
sei. allen Befehlen seines Monarchen blindlings zu gehorchen.
Dieser hatte ihn an einen hohen verantwortungsvollen Posten
berufen: sich dieses kaiserlichen Vertrauens würdig zu erweisen.
war sein einziges Bestreben. Es war demnach keineswegs ausgeschlossen. dass Mercy im entscheidenden Augenblicke, persönliche Sympathieen ausser Acht lassend, unter Hinweis auf die
im Lande gährende Unzufriedenheit, jeden Beistand rundweg
ablehnte. Kaiser und Kanzler kannten das zum Pessimismus
neigende Naturell Mercys und mochten darauf ihre Hoffnungen
bauen für den Fall, dass aussergewöhnliche Ereignisse einen
Aufschub des Unternehmens notwendig machten.

Kaunitz bekannte sich unumwunden als entschiedener Gegner
des Planes der Königin, dessen Ausführung unter den obwaltenden
Umständen mit den „imminentesten Lebens- und anderen Gefahren"
verbunden sei. „Ich bin", fuhr er fort, „daher fest überzeugt,
dass Niemand auf sich nehmen könne. dem König und der

---

[1]) Kaunitz an Mercy. 23. Juni 1791: Vivenot I., 538.

Königin diese Flucht anzuraten, dass vielmehr alle möglichen dringenden Bewegursachen vorhanden sind sie davon abzuhalten." Er liess sich dann eingehend über die Schwierigkeiten aus, die das Zustandekommen eines europäischen Konzerts bei den widerstrebenden Interessen der Mächte biete. England würde jedem etwaigen Antrage, die alte unumschränkte monarchische Regierungsform in Frankreich wiederherzustellen, feindselig gegenüberstehen, da nur eine Schwächung des französischen Rivalen ihm Vorteile zu bieten vermöge. Das Berliner Kabinet werde vielleicht Österreichs Vorgehen unterstützen. natürlich nur, um, wie Kaunitz durchblicken liess, später im Bunde mit einem erstarkten Frankreich gegen Österreich einschreiten zu können. Zum ersten Male sprach er es offen aus, dass die englischen Interessen in diesem Punkte sich im Grunde mit denen Österreichs. das aus einer Verminderung der Macht Frankreichs nur Nutzen ziehen könnte. völlig deckten.

Auch mit der Teilungsfrage beschäftigten sich seine Gedanken bereits. Die Mächte. meinte er. würden von Ludwig für die ihm geleistete Unterstützung eine angemessene Entschädigung begehren, der König würde nicht widerstreben können und sich zu Landabtretungen entschliessen müssen. Wie aber sollte man die Wünsche jeder einzelnen Nation befriedigen. ohne dass es zu erneuten Differenzen und Reibereien kam?

Von solchen Erwägungen geleitet, hielt Kaunitz die von ihm bisher befolgte Politik völliger Passivität für die einzig richtige.

Auf den Gang der Ereignisse ist auch dieses Schreiben ohne Einfluss geblieben; es gelangte in Mercys Hände, als König und Königin schon längst wieder in Paris weilten. um neue Schmach und neue Unbill zu erleiden.

Kap. III.

Von Padua nach Pillnitz.

Leopold weilte in jenen kritischen Tagen in Padua, wo er die Nachrichten über den Ausgang der Flucht in Empfang zu nehmen gedachte. Die vielzüngige Fama spielte, wie stets bei solchen Anlässen, eine grosse Rolle. Bald war die königliche Familie zwar angehalten, aber alsdann befreit worden, bald liefen Berichte ein, die das Scheitern des Unternehmens verkündeten. Zuletzt konnte über die Thatsache der Verhaftung des Königs kein Zweifel mehr bestehen.

Noch ehe diese Unglücksbotschaft ankam, hatte der Kaiser sich gezwungen gesehen, zu den Ereignissen Stellung zu nehmen In jedem Falle hatte das Wagnis offen die Unfreiheit des Königs dargethan. Der Monarch hatte zu dem verzweifelten Mittel einer Flucht greifen und sich vor seinem eignen Volke bei Nacht und Nebel davon schleichen müssen. Mochte der Ausgang sein, wie er wollte, der Vorgang war in hohem Grade angethan, das monarchische Gemeingefühl der Suveräne Europas zu erwecken. Wer aber war berufener, als Kaiser Leopold, der nahe Verwandte und Alliierte des französischen Königs, um die erforderlichen Schritte zur Herstellung eines Einvernehmen aller Mächte zu thun?

Gewiss war auch Leopold von jenem monarchischen Gemein gefühl beseelt, dem zufolge sich die europäischen Herrscher nur einmal als Angehörige einer einzigen grossen Familie fühlten indes, noch andere Erwägungen bestimmten den Kaiser, die übrigen Staaten zu gemeinsamen Schritten zu Gunsten Ludwigs XVI und seiner Familie aufzufordern. Es entging ihm nicht, dass wenn Österreich zauderte, an die Spitze des Unternehmens zu treten, andere Mächte sich die Gelegenheit nicht entgehen lassen würden, an das Mitleid der europäischen Höfe zu appellieren.

Wie die Dinge lagen, musste man mit einer derartigen Möglichkeit rechnen.

Noch ehe Ludwig XVI. den Tag zur Ausführung des Unternehmens bestimmt, hatte König Gustav von Schweden seine Unterstützung[1]) bei dem Plan der Wiederherstellung des Königtums in seine alte Macht angeboten. Er hatte der Hoffnung Ausdruck verliehen, dass auch Russland, gegen das er noch soeben Krieg geführt, seinen Beistand nicht versagen werde. Gustav ging einen Schritt weiter: er begab sich nach Aachen, um den Gang der Ereignisse aus der Nähe verfolgen zu können. Er scheute sich nicht, in der offenkundigsten Weise Beziehungen mit den Häuptern der Emigrantenpartei anzuknüpfen. Es liess sich nicht leugnen, dass die Pläne des Königs, seiner ganzen Sinnesart entsprechend, den Stempel des Abenteuerlichen, Romantischen trugen. Wie hätte das kleine Schweden im Bunde mit jenem Häuflein Ausgewanderter allein den Kampf gegen das grosse Frankreich aufzunehmen vermocht? Auf den wirksamen Beistand anderer Mächte war aber damals noch nicht zu rechnen; Spanien und die Schweiz hatten ja die bestimmte Erklärung abgegeben, ohne Mitwirkung des Kaisers nichts unternehmen zu wollen.

Die Gefangennahme des Königs jedoch hatte die Situation geändert. Lag in einer solchen Handlungsweise nicht eine Beleidigung von ganz Europa? Die Gefahr der Ansteckung auch anderer Länder durch die gefährlichen französischen Irrlehren bestand in der That. Selbst Kaunitz hatte das Vorhandensein einer solchen nicht zu bestreiten gewagt, freilich war er der Ansicht, durch Waffengewalt jeden Versuch einer Nachahmung des französischen Beispiels unterdrücken zu können. Nichts zu befürchten von dem Umsichgreifen der planmässig betriebenen Propaganda hatten allenfalls das freiheitlich regierte England und das autokratische Russland. Dem frevelhaften Beginnen des französischen Volkes ruhig zuzusehen, war gleichbedeutend mit einer Billigung seines Vorgehens. Europa würde Schritte ergreifen, die Freigabe Ludwigs XVI. und seiner Familie verlangen.

---

[1]) Feuillet de Conches III, 353; Gustav III. an Breteuil: 17. Mai 1791: j'offre au Roi de France 7000 hommes de bonnes troupes suédoises . . . .

Dieser Erkenntnis konnte sich Leopold nicht entziehen. Sollte er es dahin kommen lassen, dass die Mächte etwa dem preussischen König oder der Zarin die Leitung des Unternehmens anvertrauten? Die preussische Armee zumal sollte neuen Kriegsruhm erwerben, nur weil Österreich sich von den übrigen Mächten absonderte? Und sollte man dem preussischen Rivalen Gelegenheit verschaffen, die Rechte der im Elsass depossedierten Fürsten zu verteidigen, und so seinen Einfluss im Reiche ins Ungemessene steigern helfen? Ob aber im Falle kriegerischer Verwicklungen die fanatisierten Franzosen eine etwaige Neutralität Österreichs achten würden, das war denn doch eine Frage, die keineswegs mit Sicherheit zu bejahen war. Die Rolle des müssigen Zuschauers war in solch kritischer Lage nicht durchführbar. Nichts als Schmach und Schande hätte Leopold, der nächste Anverwandte derer, deren Sache man zu der seinen machen wollte, bei einem Zurückbleiben Österreichs geerntet; die Grossmachtstellung Österreichs stand auf dem Spiele, wenn sein Beherrscher sich der Teilnahme an gemeinsam zu unternehmenden Schritten der europäischen Mächte entzog. Auch Zögern und Unentschlossenheit konnte die bedenklichsten Folgen nach sich ziehen.

Man musste also handeln; dann aber kam auch alles darauf an, sich von vornherein die Führerstelle zu sichern. Forderte der Kaiser die Mächte zu gemeinsamer Aktion auf, dann durfte er auch den Anspruch erheben, dass diese den von ihm für gut befundenen Massregeln ihre Zustimmung nicht versagten. Es lag bei Leopold, je nach den Umständen eine mehr oder minder drohende Haltung einzunehmen. Die letzten Ereignisse hatten die Unmöglichkeit dargethan, noch länger die bisher beobachtete Friedenspolitik innezuhalten. Jedenfalls schuldete der Kaiser seinem und seines Reiches Ansehen, die Gefangennahme seiner Verwandten mit einer geharnischten Erklärung zu beantworten.

Dass ihn im Grunde die Nachricht von der Katastrophe des 20. Juni nicht sonderlich erschütterte, ersehen wir aus einem nach Empfang der Unglücksbotschaft an Marie Christine gerichteten Schreiben. [1]

---

[1] Wolf S. 239, 5. Juli 1791: je vous écris par un courrier de votre beau-frère qu'il m'avait envoyé pour m'annoncer, que le roi avait été arrêté dans sa fuite . . . . J'y réponds à toutes vos lettres. Je suis enchanté des dernières nouvelles . . . .

in dem er dieser in dürren Worten die Thatsache der Verhaftung
des Königs berichtet. Der übrige Inhalt des Briefes betrifft
Nachrichten aus den Niederlanden. über die der Kaiser wahrhaft
„entzückt" ist. Vergebens suchen wir nach einem Ausdruck des
Bedauerns, des Mitleids: solche Gefühle sind dem kühlen Berechner
fast völlig fremd.

Das Gebot politischer Klugheit erforderte aber ein unver-
zügliches Einschreiten zu Gunsten der Sache des unglücklichen
Königs. und. was noch wichtiger war. Leopold befand sich in
der glücklichen Lage, durch energische Demonstrationen aller
Welt beweisen zu können, dass er sich nur von den Gefühlen
aufrichtigster Freundschaft und Sympathie leiten lasse. Er konnte
gut der Königin alles, was er besass, seine Armee. sein Geld
zur Verfügung stellen,[1]) sich zur Übernahme der grössten Opfer
bereit erklären: gebieterische Umstände nötigten ihn einfach,
die Sache des französischen Königs zu der seinen zu machen.
Vor allem mussten die Stimmen, die schon damals gegen die
Aufrichtigkeit der Gesinnungen des Kaisers laut zu werden be-
gannen, durch ein offenkundiges Eintreten für die unglücklichen
Gefangenen zum Verstummen gebracht werden.

Zudem. wer konnte denn wissen. ob nicht durch Drohungen
sich das französische Volk einschüchtern und seinem König die
Freiheit zurückgeben werde. ohne dass die Entscheidung der
Waffen angerufen werden musste? Leopolds ganzes Verhalten
spricht jedenfalls dafür, dass er eine solche Möglichkeit keineswegs
für ausgeschlossen erachtete: ja, er hat wohl das Beste von
wirksamen Demonstrationen erhofft, gerechnet auf die heilsame
Wirkung, die jene in Frankreich hervorrufen würden, und die
bei den Neuwahlen in einer nicht unbeträchtlichen Verstärkung
der konstitutionellen Elemente ihren Ausdruck finden würde. Der
Friede blieb alsdann erhalten. Liess sich eine günstigere Lösung
denken?

Und bedingungslos für die Sache der Monarchie zu wirken,
war Leopold, wie wir sehen werden, keineswegs gewillt. Die
Voraussetzungen, an die man österreichischerseits von Anfang
an ein wahrhaft thatkräftiges Einschreiten gegen das revolutionäre

---

[1]) Arneth S. 183.

Frankreich knüpfte, liessen wenig Gutes erhoffen. Zunächst freilich war es geraten, von jenen Bedingungen noch zu schweigen oder sie nur anzudeuten, da ein offenes Eingeständnis der geringen Lust des Kaisers nur dazu hätte dienen können, diesen selbst in eine schiefe Stellung zu bringen. Leopold wünschte die Erhaltung des Friedens, die Mächte mussten aber Vertrauen zur österreichischen Politik gewinnen, wenn man auf einen wahrhaften Erfolg solcher Bestrebungen hoffen wollte.

Auf die Kunde von der Gefangennahme des Königs erliess Leopold von Padua aus ein Rundschreiben [1]) an die europäischen Höfe, dem der Entwurf einer Deklaration [2]) beigelegt war, die von den Vertretern der fremden Mächte in Paris der Nationalversammlung überreicht werden sollte. Leopold forderte darin die Monarchen auf, sich mit ihm zu vereinen und durch einmütiges Vorgehen den extremen Parteien in Frankreich den Beweis zu erbringen, dass Europa nicht gewillt sei, eine Ausführung der verbrecherischen Pläne der Radikalen zu dulden. Die persönliche Freiheit des Königs und seiner Familie erklärt er sich, im Notfall durch Gewalt erzwingen zu wollen, bereit. Ehe man aber zu diesem Äussersten schreitet, sollen die Mächte auf friedlichem Wege ihre Forderungen durchzusetzen versuchen.

Auch die künftige Gestaltung Frankreichs wird in jenem Schreiben bereits in Betracht gezogen. Binnen kurzem musste der Abschluss der neuen, von den Vertretern des Volkes entworfenen Verfassung erfolgen. Die königliche Sanktion war erforderlich, um den darin enthaltenen Bestimmungen gesetzliche Kraft zu verleihen. Als Gefangener, als willenloses Werkzeug der Parteien hätte Ludwig nimmermehr sich der Bestätigung jener Konstitution, so verhasst sie ihm auch sein mochte, entziehen können. Dass sich der König aber in jenem Zustande persönlicher Gefangenschaft befand, war durch die letzten Ereignisse hinlänglich bewiesen. Von einer freiwilligen Zustimmung des Monarchen in solcher Lage zu sprechen, würde wohl niemand gewagt haben. Wie reimte es sich, dass eine Nation ihren König in Gefangenschaft setzte und von eben diesem Könige die Be-

---

[1]) Wolf S. 247 (6. Juli 1791).
[2]) Wolf S. 249.

stätigung seiner Konstitution verlangte? Die Besonneneren
mussten zu der Einsicht gelangen, dass. solange Ludwig der
persönlichen Freiheit beraubt war, die Anerkennung der Verfassung durch denselben die reine Komödie war. Die Forderung,
dem Könige und seiner Familie die Freiheit wiederzugeben, war
angesichts dieser Erwägungen eine so berechtigte. dass man
erwarten durfte, weite Kreise der Nation von dieser Notwendigkeit
überzeugt zu sehen. Sollte sich wider Erwarten jener Umschwung
in der öffentlichen Meinung nicht vollziehen (eine Möglichkeit,
mit der man bei der hochgradigen Erregung der Volksmassen
immerhin rechnen musste), so blieben ja noch andere Mittel und
Wege, um bei dem französischen Volke das durchzusetzen, wozu
dieses etwa aus freien Stücken sich nicht würde entschliessen
können.

Leopold machte nun den Vorschlag. eine gemeinsame Erklärung abzugeben, des Inhalts. dass Europa keine Verfassung
anerkennen werde, der der König nicht in völliger Freiheit seiner
Entschliessungen werde zugestimmt haben. Allerdings blieb die
Frage, was unter der freiwilligen Zustimmung des Königs zu
verstehen sei, eine offene, eine Frage. die die verschiedenartigsten
Deutungen erfahren konnte und musste, je nach dem mehr oder
minder hohen Grad von Sympathien, die die Mächte dem
französischen Königshause entgegenbrachten.

Mochte auch der König wieder in den Besitz seiner persönlichen Freiheit gelangen. so liess sich doch mit Bestimmtheit
voraussehen, dass die Parteien nichts unversucht lassen würden,
um den schwachen Monarchen für ihre Zwecke zu gewinnen.
Während besonders eifrige Vorkämpfer der Monarchie in der
Beherrschung des Königs durch Parteimänner den untrüglichen
Beweis der thatsächlichen Fortdauer seiner Unfreiheit erblicken
mochten, konnten nüchterner urteilende in der Rückgabe der
rein persönlichen Freiheit das Ziel ihrer Bestrebungen verwirklicht
finden.

Indessen. wozu schon jetzt darüber streiten? Erst musste
die königliche Familie überhaupt wieder frei sein. Das musste
einstweilen das einzige Bestreben der Mächte bleiben.

Wie aber war ein Erfolg zu erhoffen. wenn diese Mächte
einander in misstrauischer. ja feindseliger Haltung gegenüber-

standen? Die kaum angebahnten freundnachbarlichen Beziehungen
Österreichs zu Preussen hatten, eine Wirkung der Intriguen des
Fürsten Kaunitz, einer gereizten Stimmung. die selbst Feindseligkeiten besorgen liess. Platz gemacht. Die Unterhandlungen mit
der Pforte waren jäh abgebrochen worden.

Erst gegen Ende Juni erfolgte der überraschende Umschwung
der leopoldinischen Politik. Die aus Frankreich eintreffenden
Nachrichten lauteten von Tag zu Tag besorgniserregender. immer
kühner begann in Oberitalien und in den Niederlanden die
revolutionäre Propaganda ihr Haupt zu erheben[1]); die bestehende
Staatsordnung schien gefährdet. wenn nicht energische Massregeln
zur Unterdrückung dieses „Unfugs"[2]) ergriffen wurden. Schon
das Staatsinteresse erforderte also ein Einschreiten oder wenigstens
demonstratives Vorgehen gegen den Herd jener Irrlehren, das
gegen seinen König rebellische Frankreich. Sollte man in dieser
gefahrvollen Lage alles aufs Spiel setzen durch eine Fortsetzung
des ohnehin aussichtslosen türkischen Krieges? Drängte man
nicht durch seine schroffe Haltung Preussen geradezu zum
Kampfe? Und sprach nicht alles dafür. dass in einem Waffen-
gange mit dem sieggewohnten Rivalen Österreich, wie schon
einmal. den Kürzeren ziehen würde? Damals. 1756, stand fast
ganz Europa in Waffen gegen das kleine Preussen, und doch
hatte dieses sich gegen die furchtbare Koalition zu behaupten
vermocht. Es war als Grossmacht aus dem gewaltigen Kampfe
hervorgegangen; die preussische Armee galt seit den Tagen des
grossen Friedrich als die erste der Welt. Im Reiche selbst
hatte Friedrich II. als Vorkämpfer des deutschen Fürstentums
seinem Staate viele Sympathien erworben. Sein Nachfolger hatte
mit England und Holland ein enges Bündnis abgeschlossen und
Österreich zur Nachgiebigkeit gegenüber der Pforte gezwungen.
Nun stockte das Werk der Friedensverhandlungen: der König
und seine Minister waren entschlossen. nicht auf halbem Wege

---

[1]) Vivenot I, S. 188/189: les dangers que l'esprit de révolte ne se
propage de plus en plus en Europe . ., le danger plus immédiat et plus
pressant encore de cette influence sur les Pays-Bas voisins et les états
autrichiens en Italie.

[2]) Vivenot I, S. 212.

stehen zu bleiben und, wenn nötig. noch einmal die Waffen gegen das Haus Habsburg zu erheben.[1]

Mit solchen Erklärungen versehen, ging Bischoffwerder aufs neue an das kaiserliche Hoflager. Die Verhandlungen wurden hinter dem Rücken des Fürsten Kaunitz, dieses erklärten Gegners Preussens, geführt: der Staatskanzler erfuhr von alle dem erst, als das Eingehen des Kaisers auf die preussischen Wünsche die Möglichkeit eines Konfliktes beseitigt hatte. Leopold mochte die Nutzlosigkeit längeren Verzögerns der Friedensunterhandlungen einsehen: handelte es sich doch nur um einige wenige wichtige Grenzplätze,[2] um deren Behauptung willen sich in einen gefahrvollen Krieg zu stürzen. Thorheit gewesen wäre. Auf Verbündete war zudem nicht zu rechnen; ohne die Zarin zu befragen, hatte Österreich, den Bestimmungen des Bündnisses zuwider. einseitige Unterhandlungen mit der Pforte angeknüpft. Dass in den leitenden russischen Kreisen eine gewisse Verstimmung über das Benehmen des Alliierten Platz griff, konnte nicht Wunder nehmen. Um eines solchen Bundesgenossen willen sollte Russland einen Bruch mit Preussen herbeiführen? Österreich hätte also wahrscheinlich allein gestanden. allein nach zwei Seiten Front machen müssen: bei dem Mangel an Geld und Truppen[3] aber war der Ausgang vorauszusehen. Leopold hatte die Wahl zwischen der preussischen Freundschaft oder Feindschaft: er zog die erstere vor. Gering wog wahrlich das Aufgeben unwesentlicher Forderungen gegenüber den Osmanen angesichts der grossen Vorteile. die Österreich aus der preussischen Allianz erwachsen konnten. Die Katastrophe von Varennes liess

---

[1] Vivenot 1, 176,77 : Journal über die Unterhandlung mit Bischoffwerder von seiner Ankunft in Mailand 10. Juni 1791 bis zu seiner Abreise von Mailand 24. Juni 1791 : il (Bischoffwerder) se plaignit . . . que les négociations de la paix à Sistow trainaient si longtemps pour des prétextes frivoles et qu'il était à craindre que la guerre ne recommençât, en obligeant le Roi de Prusse à soutenir comme alliés les Turcs.

[2] Beer S. 414: des disputes de Confins . . . qui dans le fond ne sont pas de grande valeur.

[3] Beer S. 414: n'ayant ni Armée rassamblée ni aucune disposition faite pour continuer la guerre. Notre etât des finances ne nous le permettant également ni . .

eine längere passive Haltung des Wiener Hofes als unthunlich,
ja gefährlich erscheinen. Welch' einen Gewinn aber bot im Fall
ernstlicher Verwicklungen die preussische Waffenhülfe! Leopold
nahm, was man ihm bot, er erklärte sich für den Abschluss
eines Bündnisses zwischen den beiden Staaten. Mit Freuden
ging er ein auf den Vorschlag einer persönlichen Zusammenkunft
mit dem Könige von Preussen, die gegen Ende August auf dem
sächsischen Lustschloss Pillnitz stattfinden sollte. [1]) Kaunitz
erhielt gemessenen Befehl, [2]) die abgebrochenen Friedensunterhandlungen mit der Pforte wieder aufzunehmen und zu schnellem
Abschluss zu bringen. Der Staatskanzler fügte sich grollenden
Herzens.

Aber wie das geplante Bündnis ausschliesslich defensiver
Natur sein sollte, so zeigte sich der jedem Einschreiten ab-
geneigte Charakter des Kaisers auch in den übrigen von österreichischer Seite aus ergriffenen Massnahmen.

Nicht ohne Absicht hatte Leopold die Befreiung des allerchristlichsten Königs eine gemeinsame Sache der Fürsten Europas
genannt. Entzog sich auch nur eine der Mächte der Teilnahme,
so ward damit von vornherein die Bedeutung des scheinbar von
dem Gefühle innigster Teilnahme eingegebenen Paduaner Rund-
schreibens wesentlich herabgemindert. Es war ein leichtes, in
der geringen Aktionslust der einen oder der anderen Macht
einen passenden Vorwand für die eigene Unthätigkeit zu finden.
Die leitenden österreichischen Minister und wohl auch der Kaiser
selbst waren sich schon damals der Schwierigkeiten bewusst, auf
die das Zusammentreten eines allgemeinen europäischen Konzertes
stossen musste.

Auf einen ablehnenden Bescheid der englischen Regierung
war man gefasst. Es schien wenig wahrscheinlich, dass England
seine Hand dazu bieten würde, jenes Frankreich, dem es den
Verlust so wertvoller Besitzungen zu verdanken hatte, vom Ab-
grund des Verderbens zu retten. Etwaige persönliche Sympathieen
Georgs III. mit der Königsfamilie kamen um so weniger in Betracht.

[1]) Vivenot I., 178.
[2]) Beer S. 412.

als die Entscheidung bei dem Parlament lag. Und wie dieses dachte. darüber konnte wohl kein Zweifel sein. In Wien war man nun weit entfernt. über die voraussichtliche Nichtbeteiligung Englands ungehalten zu sein. Selbst wenn man annehmen wollte. dass England seinen Beistand nicht versagen würde, so fürchtete man doch. dass es sich seine Hülfeleistung würde teuer bezahlen lassen. [1]) Entsprachen aber solche Ansprüche den Zielen des vom Kaiser geplanten Unternehmens? Leopold forderte die Mächte auf, ihre Bemühungen mit den seinen zu vereinen, um die französische Nation zu veranlassen oder auch zu zwingen, ihrem Könige die ihm als Oberhaupt des Staates zustehende Freiheit zurückzugeben. Von einem Eroberungskriege war nicht die Rede. Hätte doch auch die Frage der Entschädigung, einmal aufgeworfen. nur Misstrauen der Alliierten unter einander hervorrufen können.

Gewiss lag Kaunitz — und seine Ausführungen über diesen Punkt lassen an Deutlichkeit nichts zu wünschen übrig [2]) — keineswegs daran, Frankreich in alter Machtfülle wieder dastehen zu sehen; im Gegenteil, eine Schwächung des durch die Revolution in seinen Grundfesten erschütterten Staates lag durchaus im Interesse Österreichs. Gebietsabtretungen würden gar nicht einmal notwendig sein, um Frankreich zu politischer Ohnmacht zu verurteilen: die innere Gährung werde schon verhindern. dass Frankreich je wieder zu einer Machtstellung gelange. die es in den Stand setze, eine tonangebende Rolle im europäischen Konzerte zu spielen. „Kaunitz [3]) wollte ein konstitutionelles. d. h. nicht übermächtiges, vielmehr durch die unvermeidlichen Gegensätze der kämpfenden Elemente in sich selbst beschäftigtes Frankreich." Österreichs Wohl ging Kaunitz über alles: im Interesse Österreichs suchte er um jeden Preis eine Machtvermehrung Frankreichs zu verhindern. im Interesse desselben

---

[1]) Vivenot I.. S. 203: Kaunitz an L.Cobenzl: von Seiten Englands ist eher zu vermuten als nicht, dass sich diese Krone ihre Unterstützungsschritte durch Vorteile in den Kolonien wird bezahlen lassen wollen.

[2]) Vivenot I., 192: un tel concert ne pourra jamais aboutir à rétablir la prépondérance politique de la France même.

[3]) Ranke, Revolutionskriege. 2. Aufl., S. 109.

Staates aber auch den Weltmachtsgelüsten Englands einen entschiedenen Widerstand entgegenzusetzen.[1] Nichts konnte demnach verhängnisvoller sein, als selbst eine Stärkung derjenigen
Macht herbeiführen zu helfen, die während der letzten Jahre die
Interessen Österreichs aufs empfindlichste geschädigt hatte.

Auch über Preussens Haltung glaubte Kaunitz sich keinen
Zweifeln hingeben zu brauchen. Es war und blieb für ihn der
traditionelle Gegner Habsburgs. Wenn Preussen jetzt die Schritte
des Kaisers[2] billigen würde, so geschehe es wohl nur, um dabei
möglichst grosse Vorteile herauszuschlagen. Kaunitz' Vermutungen
waren in der That nicht ganz unbegründet: Bischoffwerder, der
nach Wien gekommen war, um mit den dortigen Staatsmännern
die Grundlagen für das abzuschliessende Defensivbündnis zu
vereinbaren, hatte in nicht misszuverstehender Weise die Frage
der eventuellen Entschädigung[3] der beteiligten Mächte an-
gedeutet.

Von England und Preussen erwartete Kaunitz demnach
entweder gar nichts oder ein nur selbstsüchtigen Absichten ent-
springendes Eingehen auf die Pläne seines Monarchen.

Sollte aber wirklich etwas Wirksames zum Schutze des
französischen Königs geschehen, so war die einmütige Gesinnung
aller europäischen Mächte, besonders von Preussen und England,
„das unentbehrlichste Erfordernis."[4] Kam es zu dieser Einigung
nicht, nun, so schadete es auch nichts: „welches auch immer",[5]
schrieb Kaunitz an Mercy (29. Juli 1791). „der Ausschlag des
unternommenen Versuches sein möge, so waren S. Kaiserl.
Majestät als Erster im Range der europäischen Mächte, als

[1] Vivenot I, 192: il convient que la France ne soit point affaiblie au
point d'ôter tout frein aux vues despotiques de l'Angleterre.

[2] Vivenot I, S. 203 Die Unsicherheit, in wieferne die Berliner und
Londoner Höfe, gesetzt auch dass sie in die Unternehmung einzugehen
scheinen, es aufrichtig damit meinten und nicht etwa gefährliche Neben-
absichten, es sei zu ihrer eignen Vergrösserung oder zum Nachteil unseres
Hofes, mit ausführen wollten.

[3] Vivenot I S. 203: . . . hat derselbe (Bischoffwerder) sogleich die Frage
geäussert, wie man sich denn wegen der Unkosten schadlos halten würde?

[4] Vivenot I, S. 207.

[5] Vivenot I, S. 212.

Schwager und Alliierter des Königs von Frankreich und als ein
für die bedrohte Ruhe des deutschen Reichs zu wachen ver-
pflichtetes Oberhaupt, den Schritt, welchen Sie gethan haben.
Ihrer Würde und Ehre schuldig und werden aller Schuld und
Verantwortung entledigt sein. wenn dieser Schritt fruchtlos bliebe.
und mithin auch höchstsie sich ausser Stand finden, Ihrerseits
etwas ernstliches auszuführen." Deutlicher konnte sich Kaunitz
über die Politik. die er im Fall des Scheiterns seiner Bemühungen
einzuschlagen beabsichtigte, wohl kaum aussprechen. Englands
Beistand allein verbürgte die Sicherheit des Erfolges, der Kanzler
wenigstens wollte dies der Welt glauben machen. Entweder
dieses England ging Hand in Hand mit Österreich, und dann
lag bei ihnen die endgiltige Entscheidung über Frankreichs
weiteres Schicksal. Beide würden ihren ganzen Einfluss auf-
bieten. um zu verhindern, dass die europäischen Mächte etwa
über das ihnen von Leopold genau vorgesteckte Ziel hinausgingen.
Nicht mehr und nicht weniger, als die Befreiung Ludwigs aus
der Gefangenschaft und die Herstellung eines einigermassen
haltbaren monarchischen Zustands. sollte erreicht werden. [1]
Blieb, was wahrscheinlicher war. England neutral, so würde die
österreichische Politik mit doppelter Vorsicht zu Werke gehen.

Mochte man in Wien wirklich von der Nutzlosigkeit aller
ohne Englands Teilnahme unternommenen Schritte überzeugt sein,
oder die passive Haltung des britischen Kabinets nur als Vorwand
für die eigene Lässigkeit benutzen. der Kaiser und seine Staatsmänner würden jedenfalls bemüht sein. durch lebhafte Klagen
über die Ungunst der Lage und unter Hinweis auf die sich
daraus ergebenden grossen Schwierigkeiten den Eifer der Mächte
nach Kräften herabzustimmen. Der Erfolg konnte nicht aus-
bleiben; wer sollte nach dem feurigen Aufruf des Kaisers noch
an der Lauterkeit seiner Absichten zweifeln wollen? Wenn derselbe
Fürst, der, dem Impuls seines edlen Herzens folgend, die
Monarchen Europas für die Sache des unglücklichen Ludwig zu
begeistern unternahm. seine schweren Bedenken über die heilsame
Wirkung der von ihm angeregten Schritte nicht zu unterdrücken vermochte. so konnten sich auch die fremden Mächte

---

[1] Vivenot 1, 340: un ordre de choses supportable.

nicht länger der Erkenntnis der obwaltenden Schwierigkeiten verschliessen.

So lange die Ehre Österreichs nicht unbedingt ein gewaltsames Einschreiten verlangte, galt es, allen die Erhaltung des Friedens gsfährdenden Bestrebungen entschiedenen Widerstand zu leisten. Kaunitz konnte dem · kriegslustigen Kurfürsten von Mainz nicht scharf genug einprägen, dass sein Kaiser allen kriegerischen Unternehmungen durchaus abhold sei, und dass, wenn sich die Mächte nicht über die von Leopold gemachten Vorschläge einten, auch Österreich keinen Anlass habe, sich zu seinem eigenen Schaden „vor den Riss zu stellen." [1]

Auch in der Frage der im Elsass depossedierten Reichsfürsten, von denen einige am liebsten eine sofortige Kriegserklärung an Frankreich gesehen hätten, liessen sich Kaiser und Kanzler zu keinen vorschnellen Schritten fortreissen. Als Oberhaupt des Reiches durfte Leopold freilich nicht wagen, das in jener Frage gefasste Reichsconclusum [2] zu verwerfen: es war um seine und seines Hauses Stellung in Deutschland geschehen, wenn er gerechte Beschwerden deutscher Reichsstände, die von ihm, dem Kaiser, Wahrnehmung ihrer Interessen erwarteten, völlig unbeachtet liess. Er erklärte sich bereit, seinen Einfluss in Paris zu Gunsten der Betroffenen geltend zu machen: sein Versprechen einzulösen, war er indes vorläufig noch keineswegs gesonnen. Erst Anfang Dezember [3] konnte sich Leopold, angesichts der französischen Provokationen, entschliessen, jenen bereits im August gefassten Reichsbeschluss zu ratifizieren: erst jetzt ward österreichischerseits mit Nachdruck die Notwendigkeit einer ausreichenden Genugthuung seitens Frankreich betont. [4]

Einstweilen waren Leopold wie Kaunitz fest entschlossen, wenn irgend möglich, einen Bruch zu vermeiden. Dass ihnen das Wohl und Wehe der österreichischen Ländermasse in erster Linie am Herzen lag, wer wollte ihnen daraus einen Vorwurf machen?

[1] Vivenot I, S. 207.
[2] I. A. Reuss: Teutsche Staats-Kanzley, Bd. 36, S. 67 ff.
[3] Reuss, Bd. 36, S. 81 ff.
[4] Vgl. Ludwig: Die deutschen Reichsstände im Elsass und der Ausbruch der Revolutionskriege. Strassburg 1898.

Nicht auf der Kaiserwürde, sondern auf den im Laufe der Jahrhunderte durch Krieg oder auf friedlichem Wege erworbenen mannigfaltigen Besitzungen beruhte die Machtstellung des Hauses Habsburg.

Noch vor kurzem hatte in einer der wichtigsten Provinzen, in Belgien die Flamme des Aufruhrs gewütet, und nur das Gefühl augenblicklicher Ohnmacht hatte die Revolutionäre zur Unterwerfung vermocht; im geheimen bestanden, wie wir sahen, auch jetzt noch rege Beziehungen zwischen den belgischen Unzufriedenen und den jakobinischen Clubs zu Lille und in anderen der Grenze nahe gelegenen Orten. Eine starke, ständig im Lande gehaltene Truppenmacht allein war im stande, neue Ausbrüche der Volksleidenschaft zu verhüten. In dem Rundschreiben von Padua war allerdings von wirksamen Demonstrationen die Rede gewesen, die, wenn friedliche Ermahnungen nichts fruchten würden, den Forderungen der Mächte grösseren Nachdruck verleihen sollten. Es lag zu Tage, dass zur Ausführung solcher Absichten für den Augenblick nur diejenigen Staaten in Betracht kommen konnten, deren geographische Lage die unverzügliche Konzentrierung grösserer Truppenmassen an der Grenze gestattete. Die in den österreichischen Niederlanden stehenden Truppenteile zwecks einer grösseren Demonstration an der Grenze zusammenzuziehen, bedeutete [1]) aber nichts weniger, als den erregten Demokraten selbst den Boden zu ebnen für eine neue Erhebung, die das unglückliche Land dem Ruine entgegenführen musste. Da die über das demonstrative Vorgehen des Kaisers erbitterten Franzosen den Unzufriedenen jedenfalls mit Rat und That beistehen würden, war der Ausgang des Kampfes keineswegs abzusehen. Aus den belgischen Wirren konnte dann leicht ein europäischer Weltkrieg entstehen, unter dem auch andere Teile des österreichischen Staates würden zu leiden gehabt haben. Das leichtfertige Treiben [2]) der Emigranten, die grade nach dem 20. Juni sich

[1]) Vivenot I, S. 203: Für die kaiserlichen Niederlande kommt die Bedenklichkeit zu erwägen, unsere Truppen aus selben an die Grenze zu ziehen und diese Provinzen der vereinigten Wirkung des im Innern noch glimmenden Missvergnügens und der französischen Aufwiegelungsbemühungen preiszugeben.

[2]) Schlitter: Marie Christine an Leopold, 24. Juli 1791, S. 110: les Français d'ici sont insupportables.

massenweise nach Belgien geflüchtet hatten, erregte daher in
Wien den lebhaftesten Unwillen. Was halfen Erklärungen, dass
man ihre „romanesken" Ideen [1]) nicht unterstützen wolle? Die
Thatsache. dass sich der Strom der Auswanderer nach den
Niederlanden ergoss, und dass von jener Seite aus diesem Zu-
strömen kein Einhalt geboten ward, konnte leicht zu der irrigen
Anschauung Veranlassung geben, dass Österreich die Pläne der
Emigranten insgeheim unterstütze. Das sollte Österreich büssen;
mit verstärktem Eifer betrieben die Jakobiner die Aufhetzung
der unruhigen Elemente der Bevölkerung. Nicht einen Mann
konnte Österreich unter diesen Umständen in den Provinzen
missen.

Man hätte zwar für eine rechtzeitige Ablösung der an die
Grenze gesandten Heeresabteilung durch neue Truppenteile Sorge
tragen können: doch hätte nicht die Anhäufung so gewaltiger
Truppenmassen mit Recht das schon ohnehin starke Misstrauen des
fränkischen Nachbars nur verstärkt? Würde die Versicherung,
man habe es nur auf eine Demonstration abgesehen, Glauben
gefunden haben? Wenn es aber zum Kriege kam, handelte es
sich dann blos um einen militärischen Spaziergang nach Paris?

Gewiss war die Disziplin in der französischen Armee schwer
erschüttert. wie die jüngsten Ereignisse von neuem bewiesen
hatten. Aber was der Armee des Königs an militärischer Zucht
abging, das ersetzte die Nation durch ihren Fanatismus. Sobald
ein äusserer Feind die kaum gewonnene Freiheit zu bedrohen
wagte, dann würde sich ganz Frankreich einmütig erheben [2])
und die Eindringlinge von dem Boden des Vaterlandes fern-
zuhalten suchen. Selbst dem sonst nationale Aufwallungen gering
achtenden Kaunitz dämmerte wohl diese Erkenntnis.

Wie schwierig aber musste jedes Eindringen sich gestalten.
angesichts jenes Gürtels starker Festungen,[3]) der sich längs der
ganzen Grenze erstreckte. Jede einzelne dieser Festungen hätte

---

[1]) Beer S. 410.

[2]) Vivenot I. S. 203: Der dermalige äusserste Fanatismus des Volkes
in allen Provinzen Frankreichs, von welchem die nachdrücklichste Gegenwehr
zu erwarten ist. (Kaunitz an L. Cobenzl.)

[3]) Vivenot I, S. 203: Die Beschwerlichkeit, diesem mit so vielen
trefflichen Festungen bestens verwahrten Reiche beizukommen.

vorerst genommen werden müssen, ehe an weiteres Vorrücken
zu denken war. Und war es in der Kriegsgeschichte etwas so
Unerhörtes, dass an dem Widerstand eines einzigen festen Platzes
gross angelegte Unternehmungen gescheitert waren?

Die Schwierigkeiten einer kriegerischen Aktion standen
dem Wiener Hofe klar vor Augen. Zahlreiche Opfer hatte der
türkische Feldzug gefordert, die Ermattung[1] der Kräfte des
Staates war die Folge gewesen. Man bedurfte der Ruhe. Von
der Umkehr der Geister in Frankreich versprach man sich mehr
als von ziellosen Unternehmungen der Emigranten oder einem
kriegerischen Einschreiten der Mächte. Das Äusserste, wozu sich
das Wiener Kabinet allenfalls verstehen würde, war die Aufstellung eines Corps an der Grenze. Geschah dies, so durfte
man die Hoffnung hegen, dass die gemässigte Partei, im Vertrauen auf den ihr durch die Truppen des Auslands gewährten
Rückhalt, sich zu Gunsten des unterdrückten Königtums erheben
und der Willkürherrschaft der Radikalen ein Ende machen
werde.

Gewiss wäre diese Lösung für alle Teile die vorteilhafteste
gewesen. Aber Leopold zauderte, Truppen an die Grenze zu
werfen, aus, wie wir sahen, zum Teil begreiflichen Gründen. Er
traute der konstitutionellen Partei die Kraft zu, aus sich selbst
heraus den Kampf gegen die Revolutionäre zu beginnen. Darin
aber lag der verhängnisvolle Irrtum, dem der Kaiser sich bis an
sein Lebensende hingegeben hat.[2] Die Monarchie mochte noch
zahlreiche Anhänger haben, den Mut für sie einzutreten, besassen
nur wenige. Wenn Leopold an den Sieg der Republikaner nicht
glaubte, so ist der Grund hierfür in dem geringen Verständnis
zu suchen, das sowohl er wie sein Kanzler Zeit ihres Lebens
für die hinreissende Gewalt populärer Leidenschaften empfunden
haben. Ein enges Bündnis zwischen Königtum und Konstitutionellen,
vertrauten beide, könne nicht anders als zu einem endgültigen

---

[1] Beer S. 414.

[2] Vgl. Wolf: Österreich unter Maria Theresia, Josef II. und Leopold II.,
1740—1792, S. 398: „Sein (Leopolds) Irrtum lag darin, dass er den konsti-
tutionell gesinnten Parteien in Frankreich eine grössere Kraft zutraute, als
sie wirklich besassen."

Siege des ersteren führen.[1]) Diese Auffassung bestimmte fortan das Verhalten des Kaisers gegenüber seinen königlichen Verwandten von Frankreich.

Nach dem unglücklichen Ausgang der Flucht baute Marie Antoinette mehr als je auf Rettung durch die vereinigten Mächte Europas. Jakobiner wie Konstitutionelle waren ihr gleichmässig verhasst. Die Partei der Lameth, Barnave u. a. hatte zwar versucht, in engere Verbindung mit dem Königshause zu treten, und den König zum Werkzeug ihrer Pläne ausersehen. Die stolze Königin erblickte aber in dem Verhalten jener nichts als das Eingeständnis der eigenen Ohnmacht gegenüber den immer ungestümer vorgehenden Radikalen. Immerhin jedoch durfte man jene nicht abweisen, wollte man nicht von Anfang an dem Argwohn Thür und Thor öffnen. Im Gegenteil, der Hof bemühte sich, die gemässigte Partei durch allerlei Gunstbezeugungen zu gewinnen. Im Lande selbst konnte ein solches Paktieren nur einen der Sache des Königtums förderlichen Eindruck hervorrufen.

Ermutigt durch das scheinbare Entgegenkommen des Königs und seiner Gemahlin, gingen die Konstitutionellen einen Schritt weiter. Sie suchten eine Anlehnung an das Ausland und bewogen die Königin, einen Brief an den kaiserlichen Bruder zu schreiben (30. Juli 1791)[2]), in dem das Programm der konstitutionellen Partei enthalten war. Dem Zwange gehorchend, hatte Marie Antoinette nachgegeben. Die Lage des Königspaares ward in jenem Schreiben als überaus günstig geschildert, und der Sieg der königstreuen Elemente für unausbleiblich erklärt. Auch der Kaiser könne zur Wiederherstellung des Königtums wirksam beitragen, indem er alle militärischen Demonstrationen unterlasse und rückhaltlos seine Anerkennung der Verfassung ausspreche. Ein enges Bündnis zwischen Frankreich und Österreich ward als

[1]) Arneth S. 203, Leopold an Marie Antoinette (20. Aug. 1791): nous réunirons avec plaisir nos soins et notre soutien en faveur des vrais patriotes français . . . et . . on peut compter en particulier sur mon zèle à moyenner ce salutaire accord. Ferner: Mémoire secret pour la Reine, envoyé par l'Empereur (Feuillet de Conches II, 425): il est indispensable que, bien loin de pousser les partis modérés à s'unir avec le parti républicain, on les tranquillise . . .

[2]) Arneth S. 188.

wünschenswert bezeichnet. Die Gemässigten frohlockten, aber
Marie Antoinette war weit davon entfernt, solche Vorschläge
gutzuheissen. Sie erachtete es für ausgeschlossen.[1]) dass der
Kaiser in dem Briefe den Ausdruck ihrer wahren Herzensmeinung erblicken könne, richtete aber gleichwohl an Mercy das
Ersuchen (31. Juli 1791)[2]), Leopold zu veranlassen, seine Antwort
so abzufassen, dass man diese den Lameths und ihren Freunden
vorzeigen könne. Nie und nimmer erhoffte sie von dieser
„ungeheuerlichen"[3]) Konstitution, diesem „Gewebe von Lächer-
lichkeiten,"[4]) etwas Gutes für das Königtum. Mit aller Entschiedenheit drang sie vielmehr darauf, dass die Mächte mit
imponierender Streitmacht einschreiten sollten.

Indes Mercy ging auf die Pläne der Königin nicht ein. Er
sollte sein geliebtes Belgien einem kriegerischen Ansturm aussetzen? Wenn eine Erhebung in Frankreich selbst dem König
Rettung verschaffen konnte, so war er es wohl zufrieden. Aber
fremde Hülfe sollte der König, so viel an ihm lag, nicht erhalten.
Standhaft weigerte er sich, auf seinen Posten nach Paris zurückzukehren. Was sollte er dort? Leopold kompromittieren? Er
kannte die Pläne seines Monarchen und handelte danach. Er riet
dem Kaiser, eine mehr „drohende als thätige" Haltung zu
beobachten.[5]) Ein Eingehen auf die Ideen der Königin mied
er, wenn irgend möglich. Seine Ratschläge bewegten sich immer
in derselben Richtung: von der Zeit das Beste zu erhoffen,[6]) mit
den monarchisch Gesinnten zu verhandeln und gerechte Wünsche
derselben zu erfüllen.

Das waren Schüler, wie sie der kluge Kaunitz gebrauchen
konnte. Und vollends jetzt, wo die Lage der Dinge erhöhte
Umsicht erheischte.

[1]) Arneth, S. 193: j'en serais humiliée si je n'espérais pas que mon
frère jugera que dans ma position je suis obligée de faire et d'écrire tout ce
qu'on exige de moi.

[2]) Arneth S. 193: il est bien essentiel que mon frère me réponde une
lettre circonstanciée qui puisse être montrée.

[3]) Arneth: S. 204: ouvrage monstrueux.

[4]) Arneth: S. 196: tissu d'absurdités.

[5]) Feuillet de conches II, 168. Juli 1791: une contenance plus menaçante
qu'active.

[6]) Arneth S. 186 u. a.

In einem eigenhändigen Schreiben an den Kaiser (23. Juli 1791) setzte König Georg III. auseinander.[1) dass bei eventuellen kriegerischen Verwicklungen England die strikteste Neutralität beobachten werde. Was Kaunitz erwartet hatte, war demnach eingetroffen.

Auch preussischerseits zeigte sich wenig Geneigtheit, ohne weiteres die Vorschläge des Kaisers zu acceptieren. Der König selbst empfand zwar lebhaft die Beleidigung, die man in Frankreich durch die Gefangennahme Ludwigs ganz Europa ins Gesicht zu schleudern gewagt hatte, und war persönlich der Idee eines im Bunde mit dem Kaiser in Scene zu setzenden Unternehmens gegen die Revolution nicht abgeneigt. Indes das preussische Ministerium teilte die österreich-freundliche Gesinnung Friedrich Wilhelms keineswegs. Es glaubte den schönen Phrasen des „Florentiners" nicht und meinte. dass man vor ihm noch mehr auf der Hut sein müsse [2]) als vor dem traditionellen Gegner des Hauses Hohenzollern, dem Fürsten Staatskanzler. Mit allen Kräften hatte man in diesen Kreisen dem Abschluss des Allianzvertrages entgegengearbeitet. Der König liess sich nicht irre machen und überlies alles dem Gutdünken seines Bevollmächtigten. Das Bündnis kam zu Stande (25. Juli 1791).[3])

Die Minister suchten nunmehr. die Wirkung des Bündnisses nach Möglichkeit abzuschwächen. Es gelang ihnen, den König zu gewinnen. In seiner Erwiderung auf die ihm seitens Österreichs gemachten Vorschläge erklärte sich Friedrich Wilhelm zwar bereit, seine Bemühungen mit denen des Kaisers zu vereinen,[4]) um den in Frankreich herrschenden anarchischen Zuständen ein Ende zu machen, nicht eher jedoch. fügte er hinzu, als bis Österreich seinen definitiven Frieden mit der Pforte gemacht habe. Für den Fall, dass die französische

[1]) Vivenot I. S. 227.

[2]) Forschungen zur deutschen Gesch. V, S. 270, 16. Juli 1791 : Schulenburg an Bischoffwerder: Craignez moins le prince Kaunitz que l'Empereur

[3]) Neumann: Recueil des traités et conventions conclus par l'Autriche Bd. 1, S. 452.

[4]) Vivenot I, S. 218; Friedrich Wilhelm II. an Jacobi. 28. Juli 1791.

Nationalversammlung auf die von den Mächten gestellten
Forderungen eine ungenügende oder abschlägliche Antwort erteilen
würde, hatte Kaunitz die Ergreifung von Repressivmassregeln
angeregt, wie Abberufung der fremden Gesandten aus Paris,
Abbruch aller Handelsbeziehungen und Zusammentritt eines
europäischen Kongresses in einer der französischen Grenze nahe
gelegenen Stadt.[1] Alle diese Vorschläge lehnte der König ab:
solche Massregeln könnten nur dazu dienen, die Erbitterung in
Frankreich zu steigern. Wohlweislich hütete er sich aber,
seinerseits mit Gegenvorschlägen hervorzutreten: der Kaiser hatte
ja das ganze Unternehmen angeregt, an ihm lag es auch, einen
festen Plan auszuarbeiten und den Mächten zur Begutachtung
vorzulegen. Es würde sich ja dann zeigen, ob und wie weit
man auf den Beistand Österreichs rechnen könne. Sich schon
vorher irgendwie zu verpflichten, hielt man für unangebracht.

Auch die eventuellen Folgen eines zur Rettung des französischen
Königs unternommenen Krieges begann man in Berlin bereits
damals ins Auge zu fassen. War man sicher, dass ein Krieg in
jedem Fall das Ansehen des Königs wiederherstellen würde?
Ludwig war ringsum von Feinden umgeben: konnten sich diese
nicht seiner Person versichern und so die Befreiung des Königs
verhindern? Andrerseits glaubte man aber so fest an die
militärische Überlegenheit der Verbündeten, dass die Eroberung
einiger französischer Provinzen, insbesondere des Elsass, ein
Leichtes schien.[2] Dieses aber beim Friedensschluss dem revolutionären Frankreich zurückzugeben, lag kein Anlass vor. Wem
sollte die Beute zufallen? Wenn man sich nicht im Voraus
einigte, konnte diese Frage noch zu den bedenklichsten Verwicklungen unter den bisherigen Alliierten führen. Friedrich
Wilhelm aber war keineswegs gesonnen, dem österreichischen
Nachbar, der ohne Zweifel auf das Elsass berechtigte Ansprüche
hatte, zu einer Gebietsvermehrung zu verhelfen, es sei denn,
dass auch er einen ausreichenden Ersatz zugesichert erhielt.
Der preussische Gesandte in Wien, Jakobi, erhielt Anweisung,

[1] Vivenot I, 211: Circularschreiben des Hof- und Staatskanzlers.

[2] Herrmann, Russ. Gesch., Ergänzungsbd. S. 57.

unter der Hand mit den dortigen Staatsmännern diesen hoch-
wichtigen Punkt zu erörtern.[1])

Solche Erklärungen konnten wahrlich nicht dazu beitragen,
den Glauben von den selbstsüchtigen Zielen der preussischen
Politik zu erschüttern. Wenn Preussen nicht bedingungslos
seinen Beistand gewähren wollte, dann verzichtete man lieber
auf seinen Beistand.

Friedrich Wilhelm hatte als Voraussetzung für jede Unterstützung der österreichischen Pläne den Abschluss des Friedens
mit der Pforte betont. Wie aber, wenn Österreich, woran nicht
mehr zu zweifeln war, diese Forderung erfüllte und nunmehr
von Preussen die Einlösung des gegebenen Versprechens verlangte?
Das preussische Ministerium wusste sich zu helfen. Die
beiden Verbündeten, England und Preussen, hatten sich auch
dieses Mal über die Leopold gegenüber zu befolgende Politik
verständigt. Die Stellungnahme Englands musste mithin dem
Berliner Hofe bekannt sein. Der König sprach auch jetzt
wieder seine Geneigtheit zu thatkräftigem Handeln aus (30. Juli
1791), gab aber zu erkennen,[2]) dass ohne Englands Mitwirkung
kein Erfolg zu erhoffen sei. Indes bedeutete dies Schreiben
noch keineswegs eine unwiderrufliche Ablehnung der kaiserlichen
Vorschläge; der König wartete offenbar die Ereignisse ab.
Vielleicht würde auch die bevorstehende Zusammenkunft das
gegenseitige Misstrauen verschwinden machen und zu einer
wahrhaft innigen Annäherung führen, von der damals beide Teile
noch gleich weit entfernt waren.

Dann konnte auch vielleicht die Frage über das zukünftige
Schicksal von Ansbach-Bayreuth und der Lausitzen einer alle
Teile befriedigenden Lösung entgegengeführt werden. Schon
gelegentlich der ersten Mission Bischoffwerders war preussischer-
seits darauf aufmerksam gemacht worden, dass das Recht
Preussens,[3]) nach dem Aussterben der fränkischen Hohenzollern

---

[1]) Herrmann, Russ. Gesch., Ergänzungsbd. S. 57: Postskript zur osten-
siblen Depesche vom 28. Juli 1791.

[2]) Vivenot I, S. 228: le concours de la cour britannique sera d'une
nécessité indispensable.

[3]) Vivenot I, S. 79: Die künftige Wiedervereinigung der Fürstenthümer
Bayreuth und Ansbach mit der kurbrandenburgischen Primogenitur hat keine
Zweifel (Kurbrandenburgische Prätentionen, Promemoria).

Ansbach und Bayreuth dem preussischen Staate einzuverleiben, unbestreitbar sei. Kaunitz jedoch schien den Heimfall der fränkischen Fürstentümer an Preussen keineswegs für so selbstverständlich [1]) zu halten, wie die preussischen Staatsmänner dies zu betonen gewohnt waren. Ebenso wenig aber war man in Preussen von der rechtlichen Gültigkeit der von Österreich auf die Lausitzen erhobenen Ansprüche überzeugt. Nach der Ansicht von Kaunitz würde Preussen im gegebenen Augenblick nicht nur Ansbach-Bayreuth, sondern unter Übergehung der österreichischen Rechte auch die Lausitzen [2]) sich anzueignen versuchen. Da eine Einigung damals nicht erzielt wurde, so waren auch in dieser Frage Differenzen mit Preussen zu gewärtigen.

Eine vom reinen Nützlichkeitsstandpunkte aus diktierte Allianz sollte das bestehende Misstrauen verscheuchen können? Das war nicht anzunehmen, und die beiderseitige Haltung hatte auch klar das Gegenteil bewiesen. In Wien erkannte man denn auch deutlich, dass für den Augenblick wenigstens das preussische Bündnis noch ohne jeden praktischen Wert sei. Noch weniger versprach sich der Kaiser von etwaigen Bemühungen im Reiche: die kriegerischen Reden des Kurfürsten von Mainz und anderer hielt er mit Recht für leere Rodomontaden. Sie würden den Kaiser zum Kriege zu drängen suchen, ohne selbst im stande zu sein, durch eine eigene namhafte Truppenmacht die Operationen der Österreicher zu unterstützen.

So kam dem ängstlich um die Erhaltung des Friedens bemühten Kaiser die Unlust der bedeutendsten Mächte Europas trefflich zu statten. Unter dem Eindrucke der Nachrichten aus England und Preussen entschloss sich Leopold zur Beantwortung des Schreibens seiner Schwester (20. August 1791). Dass jener Brief nicht die wahre Herzensmeinung der Königin wiedergebe, erkannte er ohne weiteres. [3]) Dem Wunsche der Königin entsprechend, bemühte er sich, das Antwortschreiben so ostensibel wie möglich zu halten. Die von ihm entwickelten Anschauungen

[1]) Vivenot I, S. 113.
[2]) Vivenot I, S. 113.
[3]) Arneth S. 200.201: ce n'est pas, je le sens bien, l'occasion d'un libre epanchement de nos cœurs qu'on a voulu nous procurer.

entsprachen durchaus den Wünschen der konstitutionellen Partei.
Wie jene, verlangt auch er die Wiederherstellung der königlichen
Autorität. Nur dann überhaupt sei der König im stande, in
voller Freiheit des Entschlusses zu der Konstitution Stellung zu
nehmen. Die Mächte würden nur die Verfassung als gesetz-
mässig betrachten, welche die Unverletzlichkeit des Königs und
seiner Familie bestimme und die wesentlichsten Vorrechte der
Monarchie aufrecht erhalte. Allen wahren Patrioten, die demselben
Ziele zustreben, verspricht der Kaiser seine Unterstützung. Die
Pläne der Gemässigten finden Leopolds ungeteilten Beifall:
hoffentlich seien ihre Erklärungen ebenso aufrichtig gemeint, wie
die seinen. Leopold betonte also ausdrücklich die Ehrlichkeit
seiner Absichten. Es hätte dessen kaum bedurft. Freilich, das
Schreiben war ein ostensibles; bedeutete dieser Umstand denn
aber, dass des Kaisers wahre Gesinnung eine andere, als die
hier ausgesprochene, sein musste? Gewiss nicht: worauf jene
Partei hinarbeitete, das war ja auch das Ziel, dessen Erreichung
die leopoldinische Politik erstrebte. Für die Ruhe Europas war
die Erhaltung der monarchischen Staatsform ein unbedingtes
Erfordernis. Nach Leopolds Auffassung lag es bei dem Könige
selbst, seine Macht von neuem zu festigen durch ein Bündnis
mit der konstitutionellen Partei, ein Bündnis, das auf der Grundlage gegenseitigen aufrichtigsten Vertrauens fusste. Die grosse
Mehrheit der Nation sehnte sich nach Ruhe: sie würde sich,
vertraute Leopold, dem Könige, der durch die Annahme der
Verfassung ihre heissesten Wünsche befriedigte, einmütig zur
Verfügung stellen zum Kampfe gegen die extremen Parteien.
Der Umschwung vollzog sich dann im Lande selbst. Die Gefahr
eines Weltkrieges war beseitigt.

Jedoch das Geschick wollte es anders. Die Radikalen erhoben immer kühner ihr Haupt; weg mit dem schwachen König,
nieder mit der verräterischen „Österreicherin“, war die Losung.
Und konnte das Volk den Versicherungen Ludwigs, in keiner
Verbindung mit dem Ausland zu stehen, Glauben schenken,
wo dessen eigene Brüder Frankreich mit Krieg zu überziehen
drohten?

Immer dreister trat die Emigrantenpartei auf. Die
schroffen Antworten des Kaisers und Kaunitz' hatten jene nicht

belehrt, dass sie nichts, gar nichts von jener Seite zu erwarten hatten. Mit neuen übertriebenen Forderungen trat man an Leopold heran. Der Augenblick war nicht ungeschickt gewählt, in nächster Zeit schon musste ja die Monarchenzusammenkunft von Pillnitz stattfinden. Dass in den Unterredungen der beiden Herrscher auch die französische Frage aufgeworfen werden würde, war zu erwarten. Die Emigranten rechneten mit dem ritterlichen Charakter des preussischen Königs: sie zweifelten nicht, dass er ihrem Flehen ein williges Ohr leihen und durch seine Haltung auch den spröden Kaiser mit sich fortreissen werde.

Kurz vor der Abreise des Kaisers erschien unvermutet der Graf von Artois in Wien, um Leopold ein Verzeichnis der Wünsche seiner Partei vorzulegen. Das Schriftstück[1]) enthielt die ungeheuerlichsten Zumutungen. Der ältere Bruder Artois', der Graf von Provence, sollte, da der König als Gefangener die Regierung zu leiten ausser stande sei, die Regentschaft übernehmen und im Verein mit den übrigen Fürsten des Hauses Bourbon ein Manifest veröffentlichen, in dem gegen jede Amtshandlung des Königs als erzwungen Protest erhoben, und der Stadt Paris mit den schwersten Strafen gedroht werden sollte, wenn man wagen würde, das Leben des Königs und seiner Familie zu gefährden. Mit der Veröffentlichung des Manifestes sollte Hand in Hand gehen eine von Leopold im Namen der Mächte zu erlassende Erklärung über das Einschreiten der Truppen der fremden Mächte zu Gunsten des gefangenen Königs. Den Truppen des Kaisers selbst möge Befehl gegeben werden, sich marschbereit zu halten. Schliesslich ward Leopold noch ersucht, der Ansammlung von Emigranten-Corps in seinem Lande keine Hindernisse in den Weg zu legen.

Die Antwort des Kaisers[2]) verzögerte sich zwar etwas, offenbar wollte Leopold zuvor mit seinem Verbündeten Rücksprache nehmen.[3]) Wie sie aber lauten würde, darüber war er sich schon jetzt im Klaren. Es galt, die stolzen Hoffnungen der Emigranten ein für allemal zu zerstören. Der König von

---

[1]) Vivenot I, S. 231: Points à fixer, 20. August 1791.
[2]) Vivenot I, S. 233: Communication verbale.
[3]) Vivenot I, S. 242: Kaunitz an Spielmann.

Frankreich. hiess es in der kaiserlichen Erwiderung. wisse, dass Schritte eingeleitet seien, um ihn aus seiner traurigen Lage zu befreien: es bedürfe keiner nochmaligen Hervorhebung dieser Thatsache. Den Grafen von Provence als Regenten anzuerkennen, würde die Gefahren eher vergrössern als vermindern heissen. Völlig unzweckmässig aber sei eine gemeinsame Erklärung der Mächte. in einem Augenblick. wo ein Einvernehmen noch keineswegs erzielt sei. Die Bildung militärischer Corps in den Staaten des Kaisers könne nicht geduldet werden.

Artois aber ging weiter: die Bitte, der Pillnitzer Entrevue beiwohnen zu dürfen, ward so dringend gestellt, dass sich der Kaiser durch die Pflicht der Höflichkeit bestimmen liess, dem Wunsche des Prinzen nachzugeben. Damit wurde der ursprünglich rein privat [1]) gedachten Zusammenkunft von vornherein der Stempel einer hochpolitischen Staatsaktion aufgedrückt. Die beiden Suveräne fanden denn auch in der That kaum Gelegenheit, unter vier Augen ihre Gedanken über die gegenwärtige politische Weltlage austauschen zu können [2]): auf Schritt und Tritt sahen sie sich von Artois und dessen Begleitern umgeben. In wahrhaft aufdringlicher Weise [3]) suchten sie sich den beiden Monarchen zu nähern. Nur um die lästigen Gäste los zu werden, erklärten sich Leopold und Friedrich Wilhelm schliesslich bereit, eine Erklärung zu unterzeichnen (27. August 1791), jene bekannte Pillnitzer Erklärung, [4]) die von den neueren Historikern so verschiedenartige Beurteilung erfahren hat.

Was war der Inhalt? Preussen und Österreich erklären die Sache des allerchristlichsten Königs für die aller Fürsten Europas, sie hoffen. dass ihre Bemühungen, die Mächte zur Ergreifung energischer Massregeln zu veranlassen, von Erfolg gekrönt sein werden. Die Mächte müssen ihre Anstrengungen dahin vereinen, dass der französische König in den Stand gesetzt werde, in völliger Freiheit die Grundlagen einer monarchischen Staatsform zu

[1]) Vivenot I, S. 249; Kaunitz an den Kurfürsten von Mainz 15. Sept. 1791.
[2]) Analekten zu Beer: Leopold II., Franz II. und Katharina, Brief Leopolds an Marie Christine 30. Aug. 1791: il (Artois) ne nous a pas laissé un moment de repos.
[3]) Vivenot I, S. 236, Beer S. 424: le Comte d'Artois a terriblement insisté.
[4]) Vivenot I, S. 234.

errichten, die in gleicher Weise der Würde der Monarchie, wie
den Wünschen der Nation Rechnung trage: dann und in diesem
Falle, sind Preussen und Österreich entschlossen, zur Erreichung
dieses Zieles die nötigen Streitkräfte zur Verfügung zu stellen.
Inzwischen wird an die einzelnen Truppenteile Befehl ergehen,
sich jeden Augenblick marschbereit zu halten. Französische
Historiker, wie Geffroy, Mignet, Michelet[1]) u. a. haben die Bedeutung der Pillnitzer Deklaration oft überschätzt, deutsche ihr
ein zu geringes Gewicht beigelegt. Von welch' weittragender
Bedeutung waren doch jene scheinbar so nichtssagenden Worte:
alors et dans ce cas! Man wollte energische Massregeln treffen
zur Unterdrückung der schrankenlosen Volksherrschaft, die alle
staatliche Autorität verachtete. Die Mitwirkung der Hauptmächte
Europas war hierzu erforderlich: nun wusste man aber, wie wir
sahen, schon damals, in Berlin wie in Wien, mit voller Bestimmtheit,
dass der von England kundgegebene Entschluss völliger Neutralität ein unabänderlicher sei, es müssten denn Ereignisse eintreten,
die dem britischen Kabinet ein Aufgeben dieses Standpunktes
ratsam erscheinen liessen. Man war des ewigen Drängens der
Emigranten überdrüssig und suchte sie nun durch scheinbare
Konzessionen zu beruhigen. Die Lage des französischen Königs
würde sich verzweifelt gestalten, wenn die Unbesonnenen mit
bewaffneter Hand in Frankreich eindringen würden. Solch' toll-
kühnes Vorgehen musste man auf alle Fälle zu hindern suchen.
Die Emigranten sollten das Vertrauen zu den Mächten gewinnen,
dass diese auch ihre Sache zu verteidigen bereit seien.

Schien die Deklaration von Pillnitz nicht die kühnsten Er-
wartungen zu übertreffen? Und doch es schien nur so. Preussens
Beistand allerdings war gewonnen, aber solange England bei
Seite stand, lag jedes kriegerische Unternehmen in weiter Ferne.
Gewiss, der ganze Ton der Deklaration klang wie eine an die
Adresse des französischen Volkes gerichtete Drohung. Wie

---

[1]) Geffroy: Gustave III et la cour de France. Tome II. Chapitre IX,
S. 189, nennt die Pillnitzer Deklaration: une insulte sanglante à la Révolution:
Mignet: Hist. de la Révolution française I. 258,9: le fameux traité du 27 juillet
— NB. soll wohl heissen: août? — qui préparait l'invasion de la France:
Michelet: Hist. de la révolution française III, S. 3: elle (die Deklaration)
tomba comme un défi.

verkehrt würde es aber sein, anzunehmen. Kaiser und König
seien sich der ganzen Bedeutung jener Worte nicht bewusst
gewesen! Der revolutionäre Geist sollte ja mit aller Macht
bekämpft werden, die Aufrührer sollten gewarnt werden, in ihrem
verbrecherischen Treiben fortzufahren. Durfte man nicht hoffen,
selbst diese Fanatiker durch eine feste, kriegerisch tönende
Sprache einschüchtern zu können? Dass diese Anschauung
wenigstens in der Umgebung des Kaisers die massgebende war,
davon legt ein Schreiben des Grafen Cobenzl Zeugnis ab, der
einen einigermassen erträglichen Vergleich zwischen der Krone
und der Nation für die glücklichste Lösung [1]) der ganzen Frage
erachtete. An eine Wiederherstellung der absoluten Monarchie
dachte Friedrich Wilhelm ebenso wenig wie Leopold, wie ja auch
unschwer aus dem Inhalt der Erklärung selbst zu ersehen war,
die ausdrücklich eine den Rechten des Königs wie den Wünschen
der Nation gleichermassen entsprechende monarchische Verfassung
verlangte. Die beigefügten Klauseln, schrieb Leopold einige Tage
nach der Begegnung mit dem Könige von Preussen, würden jeden
üblen Gebrauch, [2]) den die Emigranten etwa von jener Deklaration
machen wollten, zu Schanden machen. Wie er, so dachte Kaunitz,
so dachte sein Vertrauter Cobenzl, der in der im Grunde „un-
verfänglichen" [3]) Fassung der Erklärung ein Meisterstück der
österreichischen Diplomatie erblickte. Der besonnene Leopold, ein
Anwalt der an „Tollheit" [4]) grenzenden Ideen der Emigranten!
Wer so etwas glauben konnte, hatte gewiss wenig Menschen-
kenntnis! Mehr als je war Leopold von einer Unterstützung
dieser Leute entfernt, die, um ihr eignes Leben zu retten, ihren
König schmählich im Stich gelassen und der Wut der Parteien
preisgegeben hatten! In dieser Verachtung der Emigranten
wusste sich Leopold eins mit der Schwester, die sich lieber den

---

[1]) Vivenot I, S. 556: Es wäre überhaupt zu wünschen, wenn es dem
Könige gelingen sollte, nur irgend einen halberträglichen Vergleich zu stande
zu bringen. (Cobenzl an Mercy 5. Sept. 1791.)

[2]) Beer, S. 425.

[3]) Vivenot I, S. 554.

[4]) Analekten zu Beer, Leopold II., Franz II. und Katharina, Brief
Leopolds an Marie Christine, 30. Aug. 1791: ses (Artois') idées tiennent de
la folie.

grimmigsten Revolutionären als jenen „Feiglingen" [1] in die Arme
geworfen hätte.

Die weltgeschichtliche Bedeutung aber der Pillnitzer Deklaration werden am besten Rankes treffliche Worte [2] veranschaulichen:
„Noch war kein Krieg gegen Frankreich in Aussicht genommen.
Die Ideen der Emigranten wurden von Österreich und Preussen
nicht adoptiert. Was diese Mächte nicht wollten, und wogegen
sie sich setzten, war die demokratische und radikale Bewegung.
die in der Population von Paris vorherrschte, eine von den Aufwallungen derselben und ihrer Einwirkung abhängige Regierung.
Gegen diese Regungen wollte man den ursprünglichen Vorschlägen
des Staatskanzlers gemäss die Würde des Throns sicher stellen."

---

[1] Arneth S. 204 (21. Aug. 1791), Rocheterie-Beaucourt II, S. 277.
[2] Ranke, Revolutionskriege S. 111

Kap. IV.

Ursprung des Revolutionskrieges.

„Aber", fährt derselbe Autor kurz darauf fort, „die Antipathie gegen das Wesen der revolutionären Ideen, welche die Emigration anregte, war stärker als die Rücksicht auf die in Frankreich zur Konsolidation aufstrebende Staatsgewalt, welche die Gesandten empfehlen mochten. Die Politik suchte den Frieden, die universalen Gegensätze stellten den Krieg in Aussicht." [1])

So friedfertig auch die Gesinnungen des Kaisers und seines Alliierten sein mochten, der Gegensatz zwischen den Mächten des alten Europa und dem revolutionären Frankreich war ein zu scharfer, als dass ein Konflikt auf die Dauer hätte vermieden werden können.

Und nicht allerorts teilte man die zuverlässige Hoffnung des Kaisers auf Erhaltung der Ruhe.

Der kriegslustige [2]) Schwedenkönig gedachte durch einen Einfall in die Normandie dem bedrängten Königspaare Luft zu machen. Da er eines Stützpunktes für sein Unternehmen bedurfte, richtete er an die österreichische Regierung die Bitte um einstweilige Überlassung des Hafens von Ostende.

Kaunitz war sich keinen Augenblick im Unklaren darüber, welch' verhängnisvolle Folgen ein Eingehen auf die Ideen König Gustavs nach sich ziehen könne. Die Einwilligung Österreichs

---

[1]) Ranke, Revolutionskriege S. 113.

[2]) Klinkowström: Le comte de Fersen et la cour de France I, 222: Ce n'est que les armes seulement qui doivent décider cette grande querelle.

war gleichbedeutend mit einer Kriegserklärung an Frankreich.
Den Weltfrieden auf solch' leichtfertige Weise aber zu gefährden,
war der Kanzler nicht gesonnen. Unter dem Vorwande, dass
die Jahreszeit bereits zu weit vorgerückt sei, um noch ein Unternehmen irgend welcher Art zu erlauben, lehnte der Wiener Hof
Gustavs Bitte höflich, aber entschieden ab.[1] (25. Sept. 1791.)
Auch Katharina II. schien von kriegerischem Eifer beseelt.
Aufs entschiedenste unterstützte sie die auf das Zustandekommen
einer europäischen Koalition gerichteten Bestrebungen des Kaisers.
Indes eben dieser Eifer kam dem klugen Kaunitz verdächtig vor.
Er konnte sich des Argwohns, dass Katharina Hinterge-
danken verfolge, nicht erwehren. In seinem Misstrauen bestärkte
ihn ein an Leopold gerichtetes Schreiben der Zarin, in dem diese
erklärte, soweit es nur irgend die „topographische Lage" ihrer
Staaten es gestatte, sei sie bereit, mit allem Nachdruck die
Pläne Österreichs und seiner Verbündeten zu unterstützen.[2]
(29. Sept. 1791.) Was bedeutete das anders, als dass Russland,
bei seiner weiten Entfernung von dem voraussichtlichen Kriegs-
schauplatze, keinen nennenswerten Beistand zu leisten in der
Lage sei? Ohne es zu wollen, hatte die Kaiserin ihre Absichten
verraten: Kaunitz war überzeugt, dass der Hinweis auf die
geographische Lage Russlands, die Katharina nicht ermögliche,
grössere Truppenmassen gegen Frankreich ins Feld zu stellen,
im Grunde nur ein Vorwand sei, ersonnen, den österreichischen
Alliierten über die letzten Ziele der russischen Politik im Unklaren
zu lassen. Er durchschaute die Absicht der Zarin, Preussen und
Österreich in einen Krieg mit Frankreich zu verwickeln, um
dann um so ungestörter ihre auf Vernichtung der polnischen
Republik gerichteten Pläne verwirklichen zu können.[3]

---

[1] Feuillet de Conches IV, 129: la saison est trop avancée pour que
l'exécution puisse s'en ouvrir avant le printemps prochain.

[2] Beer, Leopold II., Franz II. und Katharina: Katharina an Leopold:
déterminée à appuyer cette noble entreprise de tous les efforts que la situation
topographique de mes Etats peut rendre praticable.

[3] Vivenot I, 561: Kaunitz an Mercy 12. Nov. 1791: Der Verdacht
sehr wahrscheinlich, dass man in Petersburg die geheime Absicht hege, sich
selbst andurch desto freiere Hände zu schaffen und solche . . . zur Wiederherstellung der alten Konstitution in Polen und des vorigen russischen Einflusses daselbst ungehindert zu verwenden.

Dass Polen auf die Dauer seine Selbständigkeit nicht wahren könne, leuchtete auch Kaunitz ein: nur sollte das Land nicht ausschliesslich eine Beute Russlands werden. Wenn einmal der polnischen Selbständigkeit ein Ende gemacht wurde, dann sollte auch Österreich nicht leer ausgehen.

Die russischen Pläne aber glaubte der Kanzler nicht wirksamer vereiteln zu können, als wenn er fortfuhr, kein Mittel unversucht zu lassen, die französische Nation auf friedlichem Wege zur Erfüllung der Forderungen seines Monarchen zu bestimmen.

Die auffallende Begünstigung der Häupter der Emigrantenpartei durch Katharina trug vollends nicht dazu bei, das in Kaunitz rege gewordene Misstrauen gegen die Ehrlichkeit der russischen Absichten zu erschüttern. Der Kanzler zweifelte nicht, dass die Kaiserin nur deshalb ein so lebhaftes Interesse für die Bestrebungen der Emigranten bekunde, weil sie im Stillen hoffe, jene würden sich, im Vertrauen auf den Beistand Russlands und Schwedens, zu gefährlichen Unternehmungen fortreissen lassen, die Bewegung würde das Reich in Mitleidenschaft ziehen, französische Truppen die Grenze überschreiten. Der Kaiser und der preussische König hätten solchem Beginnen nicht unthätig zuschauen können, die Ehre des Reiches hätte ein kriegerisches Einschreiten verlangt.

Aber Kaunitz war klüger, als seine scharfsinnigen russischen Kollegen erwartet hatten. Schon darin, dass, wenn schliesslich ein Einschreiten unvermeidlich sein sollte, er die Emigranten gänzlich aus dem Spiele lassen wollte, unterschied sich seine Auffassung von der der russischen Kaiserin. Er verurteilte aufs schärfste die den Frieden gefährdenden Bestrebungen der nordischen Mächte, deren Haltung die Verwegenheit der Emigranten nur vermehre.

Von der Undurchführbarkeit der egoistischen Bestrebungen jener Partei aber war er ebenso überzeugt, wie sein kaiserlicher Herr. Das sollten die Emigranten bald von neuem erfahren.

Noch war die Begeisterung der Ausgewanderten über die Pillnitzer Vorgänge nicht verrauscht, als Artois ein Schreiben [1])

---

[1]) Vivenot I, 243: Leopold an Artois: je ne puis qu'exhorter sérieusement, tant Monsieur que V. A. R., de ne rien entreprendre qui s'éloigne des principes fixés à Pillnitz.

des Kaisers erhielt (5. September 1791), das den Unruhigen mahnte, nichts gegen die Bestimmungen der Pillnitzer Deklaration zu unternehmen. Von neuem ward der Graf darauf hingewiesen, dass ohne die Mitwirkung sämtlicher Grossmächte an ein wirksames Einschreiten nicht zu denken sei.[1] Für den Fall, dass sich Artois auf Grund jener Erklärung zu vorschnellen Schritten verleiten lasse, drohte der Kaiser, den Prinzen öffentlich zu desavouieren.[2] Nichts hatte Leopold verheissen, nichts, weder Geld noch Truppen. Die thörichten Ideen der Emigranten waren ihm von Herzen zuwider.

Indes die Emigranten schienen gegen alle Ermahnungen taub zu sein. Schon die nächste öffentliche Kundgebung der Unzufriedenen bewies aufs neue, dass sie von einem Aufgeben ihrer eitlen Hoffnungen nichts wissen wollten. Es war ihr Protest gegen die etwaige Annahme der Konstitution durch Ludwig XVI. (10. Sept. 1791.)[3]

Gewiss entsprach die dem Könige zur Bestätigung vorgelegte Verfassung keineswegs seinen Wünschen; im Gegenteil, im Vollbesitz der Macht oder der Unterstützung des Auslands gewiss, hätte der König sich nie und nimmer zu einer Anerkennung der Konstitution bestimmen lassen. Immer und immer wieder[4] hatte Marie Antoinette, unter Hinweis auf die der Monarchie bevorstehende Demütigung, ein energisches Einschreiten der Mächte verlangt und den Bruder zu bestimmen versucht, sich an die Spitze eines solchen Unternehmens zu stellen. Der Erfolg war stets der gleiche gewesen. Leopold war ersichtlich bemüht, keine regere Korrespondenz mit der unglücklichen Schwester zu unterhalten; er wusste wohl, wie wenig jener in ihrer kritischen Lage daran gelegen war, vom Kaiser eitle Trostesworte und Versicherungen seines innigen Mitleids zu erhalten. Die Königin

---

[1] Ebenda: la conviction de l'impossibilité qu'il y aurait à rien entreprendre sans le concours des principales puissances.

[2] ebenda: au cas contraire je me verrai avec peine obligé à déclarer que c'est sans mon consentement que se sont faites des démarches que je persiste à juger infructueuses.

[3] Reuss, Teutsche Staats-Kanzley, Bd. 36, S. 91 ff.

[4] Arneth 196 (= Rocheterie-Beaucourt II, 268, 7 août), Arneth 204 (= R.-B. II, 277), Arneth S. 206 (= R.-B. II, 279) u. a. a. O.

hatte positive Forderungen gestellt, und verlangte nun eine
unumwundene Erklärung, ob und in wie weit das Wiener Kabinet
ihre Pläne zu unterstützen geneigt sei. Die Bitte der Königin
verhallte ungehört: Leopold konnte sich, aus leicht begreiflichen
Gründen, nicht entschliessen, der Schwester seine wahren
Absichten zu enthüllen. Nur wenn dringende Umstände es ver-
langten, würde er ihr Nachrichten übermitteln. Auch dann aber
wollte er es an der erforderlichen Vorsicht nicht fehlen lassen.

In dieser Stimmung hatte er das ostensible Schreiben Marie
Antoinettes beantwortet. Es ist jener Brief vom 20. August,
dessen wir bereits gedachten, der ein Zusammengehen mit der
monarchisch-konstitutionellen Partei empfahl. Aus dem Inhalte
konnte die Königin natürlich nicht ersehen, ob die in dem
Schreiben ausgesprochenen Grundsätze des Kaisers innerster
Überzeugung entsprachen, oder nur als Köder dienen sollten,
die konstitutionelle Partei mit um so stärkeren Banden an die
Sache des Königtums zu fesseln.

Über die Idee der Königin, dass der Kaiser einen Kongress
der Mächte versammeln solle, dessen Beschlüsse selbst die
französischen Rebellen respektieren würden, wenn nur an den
Grenzen eine genügend starke Streitmacht zusammengezogen
würde, sich irgend auszusprechen, hielt Leopold für unzweckmässig. Die gefangene Königsfamilie, die von der Intervention
der Mächte allein Rettung erhoffte, hatte keine Kunde von den
Vorgängen im Ausland. [1])

Wie hätte sich da der seiner Macht beraubte König länger
sträuben können, die verhängnisvolle Urkunde zu unterschreiben!
Es galt die Erhaltung des Thrones: denn erst nach Anerkennung
der Konstitution sollte der König in seine alten Rechte wieder
eingesetzt werden. Lange genug hatte er in der Gefangenschaft
schmachten müssen, auf den Beistand des Auslands glaubte er
nicht mehr rechnen zu dürfen: sollte vergeblicher Starrsinn ihn
und den Seinen den Weg zur Freiheit auf immer verschliessen?
Es blieb kein anderer Ausweg: am 14. September 1791 leistete
der König feierlich den Eid auf die neue Verfassung.

[1]) Arneth S. 204 (= Rocheterie-Beaucourt II, 276): Marie Antoinette
an Mercy: 21. August: pourquoi aussi nous laisse-t-on dans une ignorance
totale de ce qui se passe dans l'extérieur.

Die Mächte hatten nunmehr zu entscheiden, ob sie die Anerkennung der Verfassung als eine freiwillige oder eine erzwungene betrachten wollten. Gustav III.[1]) und Katharina[2]) machten aus ihrer Anschauung von der Unfreiwilligkeit der Zustimmung König Ludwigs kein Hehl, und die Emigranten hatten denn auch nichts Eiligeres zu thun, als aller Welt zu verkünden, der König von Frankreich, als ein offenbar im Zustande der Gefangenschaft befindlicher Monarch, sei gar nicht befugt, eine rechtlich gültige Handlung zu vollziehen.[3])

Anders stand man der Sache in Wien gegenüber.

Kaunitz triumphierte, als er die Nachricht von dem Nachgeben des Königs erhielt; was blieb jenem auch anders übrig, meinte er,[4]) wo er nur die Wahl hatte, entweder auf den Thron überhaupt zu verzichten oder als konstitutioneller Herrscher die Regierung weiterzuführen? „Das ist“, fuhr er fort, „däucht mir, ungefähr das Resultat von allem, was man dieserwegen sagen könnte, und nach meinem Sinne sollten wir et Compagnie Gott danken, dass ce bon homme de Roi nous ait tiré par sa détermination du mauvais pas, dans lequel nous nous trouvions embarqués.“[5]) Was er unter dem gefahrvollen Schritte, den seine Regierung gethan habe, verstand, lag auf der Hand. Er hätte wohl gewünscht, dass die in Pillnitz getroffenen Vereinbarungen in einer Deklaration niedergelegt wären, deren Wortlaut jeden Zweifel über die Absichten der beiden Mächte ausgeschlossen hätte. Die zuversichtliche Hoffnung seines Monarchen, dass die beigefügten Klauseln jeden unnützen Gebrauch verhindern würden, teilte er offenbar nicht. Und die Ereignisse hatten ihm Recht gegeben.

---

[1]) Feuillet IV, 228: Artois und Provence drücken Gustav ihren Dank aus, dass er alle Verhandlungen mit der französischen Regierung abgebrochen hat.

[2]) Feuillet II, 357: Katharina an die Prinzen (Sept. 1791): l'Impératrice reconnoit que la Régence du Royaume de France est dévolue à M. le comte de Provence.

[3]) Feuillet IV, 260, 261: Provence und Artois verweigern den Befehlen des Königs, der nicht wahrhaft frei sei, zu gehorchen.

[4]) Kaunitz an Spielmann 28. Sept. 1791: Le roi a mieux aimé être Roi sur le pied de la constitution que de ne plus l'être du tout. (Vivenot I, 259).

[5]) ebenda, I, S. 259.

Wir sahen, dass sich Leopold veranlasst fand, Artois nachdrücklich darauf hinzuweisen, dass ein Einschreiten der Mächte an Bedingungen geknüpft sei, von denen abzuweichen weder er noch der König von Preussen gesonnen sei.

Seit der Pillnitzer Begegnung aber schien Leopold auch von persönlicher Sympathie für Preussen erfüllt: das offene, ungekünstelte Wesen König Friedrich Wilhelms hatte ihn angenehm berührt.[1] Sein Misstrauen gegen die Ehrlichkeit der preussischen Absichten schien zu schwinden.[2] Der Kanzler war gewiss von diesem Gesinnungswechsel seines Monarchen wenig erbaut, und im Grunde seines Herzens ist er zeit seines Lebens ein Gegner der preussischen Allianz geblieben.

Welch' ein Glück daher, dass König Ludwig die Verfassung annahm. Jedes Blutvergiessen ward vermieden, österreichische Truppen brauchten nicht Schulter an Schulter mit dem einstigen Gegner in den Kampf zu ziehen gegen eine Nation, die vor noch nicht allzu langer Zeit ihre Söhne für Österreichs Sache ins Feld geschickt hatte.

Wenn nun noch die anderen Mächte von der Richtigkeit der österreichischen Auffassung, dass der König die Verfassung aus freier Entschliessung angenommen habe, überzeugt wurden, dann war auch von jenen keine Störung der Ruhe zu besorgen.

Und, merkwürdig, derselbe Kaunitz, der noch vor kurzem erklärt hatte, dass trotz des herrschenden Friedenszustandes sich der Einfluss der französischen Irrlehren bedenklich geltend mache, und dass man gegen das weitere Umsichgreifen derselben energisch vorgehen müsse,[3] bekannte sich nun auf einmal zu der Ansicht, dass nur durch Erhaltung des Friedens die revolutionäre Propaganda zu unterdrücken sei. (12. November 1791.)[4] War das aufrichtig

---

[1] Beer, Joseph II., Leopold II. und Kaunitz: S. 424: Leopold an Kaunitz 30. August 1791: Le roi de Prusse a été on ne peut pas plus franc, cordial et honnête envers moi.

[2] ebenda: Il me paroît pleinement persuadé et convaincu de l'utilité de l'Alliance et la désirait sincèrement.

[3] Vivenot I, 188.189.

[4] Vivenot I, 276: ce n'est pas au milieu des troubles d'une nouvelle guerre, à la faveur desquels elle a pu faire des progrès alarmants, mais en préservant soigneusement le repos général dont le calme arrêta ces progrès, qu'on peut espérer d'en guérir radicalement l'influence.

gesprochen? Glaubte er wirklich, dass die zügellosen Jakobiner davor zurückschrecken würden, ihre verführerischen Ideen auch in die Nachbarstaaten zu tragen? Würden ihre Erfolge nicht um so grösser sein, je mehr man sie gewähren liess? Energisches Einschreiten allein konnte die Gefahr der Weiterverbreitung solch' staatsfeindlicher Lehren hindern. Wie hinfällig war es, wenn Kaunitz, dieser in allen Künsten der Diplomatie bewanderte Staatsmann, eine Parallele zog zwischen dem damaligen Frankreich und der despotisch regierten Türkei oder den republikanischen Gemeinwesen, [1] um den Beweis zu führen, dass ebenso wenig wie jene Staaten, Frankreich seinen Nachbarn seine Verfassung aufzudrängen versuchen werde!

Mit welchen Augen aber betrachtete der Kaiser selbst das Ereignis des 14. September? Die Auffassung seines Kanzlers ohne weiteres zu der seinen zu machen, war Leopold keineswegs entschlossen. Es war doch etwas gewagt, in der Annahme der Verfassung schlechthin einen Akt freier Entschliessung erblicken zu wollen. Die Briefe der Schwester sprachen eine zu deutliche Sprache, als dass der Kaiser wahrhaft von der Willensfreiheit Ludwigs XVI. hätte überzeugt werden können. In der Notifizierung des Aktes an den Kaiser (18. September 1791)[2] erklärte der König zwar, dass er die Verfassung angenommen habe, um die Wünsche der grossen Mehrheit der Nation zu erfüllen; aber durfte man aus diesen Worten irgend eine Schlussfolgerung ziehen? Gewiss nicht: auch dem Kaiser selbst war jene Ankündigung keineswegs ein vollgültiger Beweis der Freiheit seines Schwagers. Im Gegenteil, im Besitze eines die Freiheit des Königs offen leugnenden Mémoires seiner Schwester,[3] durfte Leopold sich keinen Zweifeln mehr überlassen. Wie kriegerisch klangen schon die Eingangsworte: „Es hängt vom Kaiser ab, den Wirren der französischen Revolution ein Ziel zu setzen. An eine Versöhnung ist nicht mehr zu denken. Die Waffen-

---

[1] Vivenot I, 286 (Nov. 1791): le gouvernement despotique de la Porte a-t-il jamais pris vis-à-vis d'aucun de ses voisins? Les gouvernements républicains ont-ils jamais engagé leurs voisins à adopter leur système?

[2] Vivenot I, 257.

[3] Feuillet II, 289 ff.: Mémoire vom 8. Sept. 1791.

gewalt hat alles zerstört, die Waffengewalt allein kann alles wiederherstellen." [1)]

Indes, auf solche Vorschläge einzugehen, fand sich der Kaiser nicht veranlasst. Marie Antoinette forderte ein kriegerisches Unternehmen der Mächte; eine andre Deutung liessen jene Worte schwerlich zu.

Davon aber wollte Leopold nichts wissen. Hätte er nur an die Möglichkeit einer kriegerischen Verwicklung gedacht, er würde gewiss dem preussischen General, Fürst Hohenlohe, der in jenen Tagen am kaiserlichen Hoflager zu Prag weilte, um eventuelle militärische Vereinbarungen zu besprechen. Mitteilungen über seine Absichten gemacht haben. Statt dessen musste Hohenlohe unverrichteter Sache wieder abreisen. [2)] ohne auch nur den Namen des vom Kaiser im Kriegsfalle zum Oberfeldherrn bestimmten Generals erfahren zu haben. Man müsse, meinten der Kaiser und seine Ratgeber, [3)] zwar die Bemühungen für das Zustande-kommen eines europäischen Konzerts scheinbar fortsetzen, um nicht den Argwohn der übrigen Mächte hervorzurufen: indes seien nur solche „unkostspielige" Massnahmen zu ergreifen, die in keiner Weise den Staat in unzeitige Gefahren stürzen könnten.

Krieg wollte also Leopold vermeiden, und doch scheint er eine Zeit lang geschwankt zu haben, wie er die Handlungsweise des Königs zu beurteilen habe. Nicht dass sich der Kaiser verhehlt hätte, dass sein Schwager sich nicht jener schrankenlosen Freiheit erfreue, welche die übrigen europäischen Suveräne genossen: es hätte nicht erst jenes Schreibens der Königin bedurft, um Leopold von dieser in die Augen springenden Thatsache zu überzeugen.

Aber was verstand denn Marie Antoinette unter Freiheit? Wie wegwerfend hatte sie sich über die Bestimmungen der Konstitution und die Führer selbst der gemässigten königstreuen

---

[1)] Ebenda: Il dépend de l'Empereur de mettre un terme aux troubles de la révolution françoise. Il n'y a plus de moyen de conciliation. La force armée a tout détruit,il n'y a que la force armée qui puisse tout réparer.

[2)] Klinkowström: Le comte de Fersen et la cour de France, I, 296. Copie d'une lettre du roi de Suède à la reine de France 22. Dez.: le prince de Hohenlohe . . . . ne put obtenir ni audience ni réponse.

[3)] Vivenot I, 245: Ministerialkonferenz vom 10. September 1791.

Parteien [1]) geäussert! Sie hatte zwar nicht gewagt, ihre reaktionären Absichten vor aller Welt zu enthüllen, da sie offenbar fürchtete, sich alsdann die Sympathien des Auslandes, vor allem ihres kaiserlichen Bruders, zu verscherzen. Indes, schon Andeutungen genügen oft, die letzten Absichten eines Menschen mit voller Deutlichkeit erkennen zu lassen: wie konnte Marie Antoinette andere, als kontrerevolutionäre Ziele verfolgen, wenn sie erklärte, mit den Konstitutionellen nur darum Unterhandlungen angeknüpft zu haben, um ihnen später um so gründlicher einen Strich durch die Rechnung zu machen? [2]) Erst wenn die absolute Monarchie wiederhergestellt war, hatte Ludwig nach der Anschauung der Königin seine alte Freiheit wiedererlangt.

In Gustav III., vielleicht auch in der Zarin, mochte Marie Antoinette bereite Verfechter solcher Ideen finden; Leopold, dessen konnte sie gewiss sein, würde seine Hand dazu nimmermehr bieten. Wie er dachte, gab er der Schwester zu erkennen in seiner Antwort [3]) auf das von jener an ihn gesandte Memoire: jeden Versuch, eine Gegenrevolution herbeiführen zu wollen, erklärte er offen für einen schweren, ja verhängnisvollen Fehler. [4])

Aufs neue beschwor er die Königin, sich mit der konstitutionellen Partei nicht zu entzweien, sondern im Bunde mit ihr die Bekämpfung der republikanischen Faktion zu unternehmen. [5]) Leopold meinte auch, dass schon das blosse Gerücht von einem Konzert der europäischen Mächte eine Stärkung der königlichen Macht zur Folge gehabt habe. [6]) Diese Gunst der Umstände

---

[1]) Klinkowström I, 198: les enragés. Klinkowström II, 111: on voit que les gueux ont peur.

[2]) Arneth S. 205 = (Rocheterie-Beaucourt II, 289): Marie Antoinette an Mercy, 26. August 1791: pour les mieux déjouer après.

[3]) Feuillet II, 421 ff., Okt. 1791: Mémoire secret pour la Reine, envoyé par l'Empereur.

[4]) Feuillet II, 422: des entreprises tendantes à reproduire l'ancien regime opéreraient la réunion intime de toute la Nation. . . . . . il en résulterait les plus funestes explosions à l'intérieur.

[5]) Feuillet II, 425: il est indispensable . . . que bien loin de pousser les partis modérés à s'unir avec le parti républicain, on les tranquillise.

[6]) Feuillet II, 427: le seul bruit du concert opéra l'effet de faire cesser la détention et les dangers personnels de la Famille royale et déclarer le maintien du gouvernement monarchique pour base de la Constitution françoise.

auszunutzen, legte er Marie Antoinette dringend ans Herz:
nicht möge sie durch gefahrvolle, nutzlose Unternehmungen ihr
und der Ihren Leben aufs Spiel setzen.

Noch hoffte Leopold, das Königtum, verbündet mit den
konstitutionellen Elementen, werde aus sich selbst heraus im
stande sein, die inneren Gegner zu überwältigen. Diese Erwägung gab den Ausschlag. Die persönlichen Bedenken über
die Freiwilligkeit der Anerkennung der Verfassung durch König
Ludwig schwanden, wie wir bereits hervorhoben, freilich nicht.
„Man kann", schrieb er an Marie Christine, „dem Könige nicht
antworten, man glaube nicht an das, was er sagt, und man hat
auch keine Beweise vom Gegenteil!" [1])

Aber solche Stimmungen konnten Leopold nicht bewegen,
von der einmal als richtig erkannten Politik abzuweichen.

Immerhin war es klug, die Entscheidung so lange als
möglich hinauszuschieben. Die Mächte mussten dann erkennen,
dass der Kaiser alle Punkte für und wider reiflich geprüft hatte,
bis er schliesslich zu der Überzeugung von des Königs freiwillig
erfolgter Acceptation gelangt sei. Am 23. Oktober — es war
fast ein Monat vergangen seit der Ankunft des französischen
Notifikationsschreibens — erfolgte die Antwort des Kaisers. [2])
Leopold wünscht, dass des Königs Entschluss, die Verfassung
anzunehmen, von den Erfolgen begleitet sein möge, die dem
Wohle Frankreichs und des Königtums entsprechen. Dann aber
folgt in versteckten Worten ein Hinweis darauf, dass, wenn die
jetzigen günstigen Umstände wieder eine Verschlimmerung erfahren sollten, sich die Mächte von neuem zur Intervention veranlasst sehen könnten.

Unschwer erkennen wir die Motive des Kaisers. Die Antwort
musste in weiteren Kreisen bekannt werden, freudige Zustimmung
musste sie bei den Wohlgesinnten finden, die den Kaiser zur

---

[1]) Wolf S. 267, 9. Okt. 1791: on ne peut pas lui répondre qu'on ne
croit pas à ce qu'il dit, et on n'a pas de preuve du contraire.

[2]) Vivenot I, 269: sincero affectu optamus ut consilium quod M. V. in
praesenti rerum statu sibi capiendum credidit, ii consequantur successus, qui
expectationi suisque pro publica felicitate votis plene respondeant et simul
illae, quae regibus et principibus communes sunt, ex nuper praeteritis sinistre
ominandi causae deinceps cessent, serioque cavendi necessitas evitetur.

Aufrechterhaltung des Friedens entschlossen sahen: die Jakobiner sollten erkennen, dass das Ausland ihren staatsgefährlichen Bestrebungen mit aller Macht entgegentreten werde. Es war derselbe Gedanke, der schon in der Pillnitzer Deklaration zum Ausdruck gekommen war. und der auch hinfort die Richtung der österreichischen Politik bestimmte.

Einige Wochen später (12. November 1791)[1] setzte Kaunitz in einem Cirkularschreiben die Gründe auseinander. die seiner Zeit den Kaiser zur Einleitung eines Konzerts der europäischen Mächte bestimmt hätten. Nunmehr seien zwar die Forderungen der Mächte erfüllt, denn, dass der König von Frankreich freiwillig acceptiert habe, unterliege keinem Zweifel. Würde der König zu jenem Schritte gezwungen sein, so hätte er ja seine Unfreiheit offen eingestehen können. So lange dies nicht geschehe, müsse man aber eine freiwillige Zustimmung des Königs annehmen. Nur die Besorgnis, es möchten die beunruhigenden Symptome, welche die Aufmerksamkeit der Mächte erregt hätten, von neuem in Erscheinung treten, lasse es angebracht erscheinen, jenes Konzert. wenn auch ohne augenblickliche Wirkung, fortbestehen zu lassen.[2] Vorläufig aber sei für Österreich die Politik des Abwartens und Beobachtens die einzig naturgemässe: zudem sei, bemerkt der Kanzler in einem an den österreichischen Gesandten in Petersburg, Ludwig Cobenzl. gerichteten Schreiben von demselben Tage, angesichts der zweifelhaften Haltung der Mächte doppelte Vorsicht geboten.[3]

Ob Kaunitz wohl der alleinige Urheber der in dem Cirkularschreiben entwickelten Gedanken war? ob er nicht lieber jenen Passus von dem Fortbestande des europäischen Konzerts über-

---

[1] Vivenot I. 270.

[2] Vivenot I. 270: On ne peut se cacher d'autre part que des apparences si récentes . . . ne sauraient encore tranquilliser suffisamment sur la solidité et la durée des dispositions qu'elles annoncent. ni dissiper entièrement des appréhensions. . . . . Ce qui parait à S. M. J. résulter évidemment de cette incertitude même. c'est qu'aussi longtemps qu'elle subsistera toutes les puissances auront un intérêt commun permanent à ce que les bonnes apparences actuelles, dont l'inaccomplissement reproduirait immédiatement la nécessité et les droits d'une intervention commune, se réalisent et se consolident.

[3] Vivenot I. 271. ff.: Kaunitz an L. Cobenzl 12. Nov. 1791.

haupt fortgelassen hätte? Predigte er nicht eben damals mit
allem Eifer, dass keine Nation das Recht habe, sich um die
inneren Angelegenheiten eines andren Staates zu kümmern?[1]

Ganz so nüchtern urteilte sein Herr, der Kaiser, denn doch
nicht. Das Ergebnis der Wahlen zu der legislativen Versammlung,
die am 1. Oktober 1791 zusammentrat, war ein anderes, als
das von Leopold erhoffte. Die Zahl der dem Königtum feindlich
gesinnten Volksvertreter hatte sich bedenklich vermehrt: die
Drohungen des Auslands hatten nichts gefruchtet, den Republi-
kanern vielmehr nur ein Mittel in die Hand gegeben, das Königtum
verräterischer Konspirationen mit den fremden Mächten zu be-
zichtigen. Dass die Jakobiner den Krieg herbeiwünschten, konnte
schon damals kein Geheimnis mehr sein. Man musste auf alles
gefasst sein. Leopold verabscheute den Krieg; nachdrücklich mahnte
er die unruhigen Emigranten,[2] dem Gebote ihres Königs zur
Heimkehr ungesäumt Folge zu leisten. Die Gelegenheit war
günstig: eine umfassende Amnestie sicherte den bis zu einem
bestimmten Termine Zurückkehrenden den ungestörten Besitz ihrer
Habe. Statt dessen nahm, zu des Kaisers höchstem Verdruss,[3]
die Emigration von Tage zu Tage besorgniserregendere Dimensionen
an. Es konnte kein Wunder nehmen, wenn auch die Kriegspartei in Frankreich an Einfluss gewann. Konnte aber Ludwig XVI.,
dieser schwächliche Monarch, widerstehen, wenn etwa die Nation
den Krieg verlangen würde? Nichts wäre verkehrter gewesen,
als einer optimistischen Auffassung der Lage zu huldigen und
jede Fühlung mit den übrigen europäischen Mächten aufzugeben.
Noch war die Gefahr nicht unmittelbar, aber es bedurfte keiner

---

[1] Reflexions du Prince Kaunitz (Vivenot I. 285), November 1791:
jamais on ne s'est cru en droit de pouvoir obliger une nation indépendante
à garder son gouvernement.

[2] Feuillet IV. 247: Leopold an Monsieur und Artois, 12. November
1791: Son (des Konzertes) heureux succès me paroissant dépendre beaucoup
du parti que prendront Vos Altesses Royales d'y conformer aussi vos
déterminations et vos mesures, et je ne puis que vous y exhorter sincèrement.

[3] Wolf S. 272: Leopold an M. Christine. 26. Okt. 1791: Ils (die
Emigranten) feraient beaucoup mieux de profiter, pour eux et tous leurs
officiers. de l'amnistie qui leur a été accordée.

staatsmännischen Weisheit. um sie nahen zu sehen. Wie wert-
voll aber musste es für Österreich sein, wenn ihm im Augenblick
der Not Bundesgenossen zur Seite standen. die. gleich ihm,
französische Anmassungen mit aller Entschiedenheit zurückzuweisen entschlossen waren. In dem Augenblick. wo französische
Truppen ohne Veranlassung deutsche Gebietsteile angriffen. war
für Leopold kein Zurückweichen mehr möglich: der deutsche
Kaiser war verpflichtet, das Reich gegen jedweden Überfall zu
schützen. Es war daher ratsam. die Versuche. ein Einvernehmen
unter den europäischen Mächten zu erzielen, fortzusetzen.

Langsam, aber deutlich wahrnehmbar vollzieht sich in der
österreichischen Politik eine Wandlung: der leitende Minister
zwar vertritt noch immer die Auffassung, dass Frankreich sich
selbst zu überlassen sei: er meint. seitdem der König eine liberale
Konstitution anerkannt habe, seien die unruhigen Elemente
immer spärlicher geworden; von der Besorgnis. dass die revolutionäre Bewegung auch die Frankreich benachbarten Gebiete
ergreifen möchte, weiss er sich frei. Solche Befürchtungen zu
hegen, sei eine Chimäre.[1]

Nicht so zuversichtlich blickt sein Monarch in die Zukunft.
Auch er ist eifrig bemüht, den Frieden zu erhalten. Er hofft
durch Unterstützung der konstitutionellen Parteien in Frankreich
selbst ein Gegengewicht zu schaffen gegen die umstürzlerischen
Bestrebungen der kriegslustigen Republikaner. Aber er hofft
nur: dass solche Bemühungen unfehlbar von Erfolg begleitet
sein müssen, nimmt er keineswegs an. Er ist nicht blind
gegenüber der drohenden Gefahr. bei Zeiten glaubt er ihr be-
gegnen zu müssen. Er erkennt, dass es unmöglich, ja gefährlich
ist, den Ereignissen noch länger in voller Unthätigkeit zuzuschauen.

Leopold allein gebührt das Verdienst. die österreichische
Politik in andre Bahnen gelenkt zu haben. er weiss. welche
Politik er zu verfolgen hat, und führt sie. in seinem Sinne
allerdings, konsequent durch. Ihm Unentschlossenheit. Plan-

---

[1] Vivenot I, 286: le prétendu danger des effets possibles que pourrait
faire sur d'autres peuples le mauvais exemple du peuple français n'est
qu'une chimère.

losigkeit im Handeln. wie es die Gegner [1]) thun, vorzuwerfen, ist Unrecht. Von neuem aber zeigt sich auch, dass Kaunitz, des alten Einflusses beraubt. nur der Vollstrecker der Befehle seines Monarchen ist. Mag der Kanzler anders denken als Leopold: der österreichischen Politik weist nicht der im Staatsdienst ergraute Minister. sondern ausschliesslich der Kaiser ihr Ziel. Die ungebührliche Sprache Frankreichs hat zwar bald darauf auch Kaunitz von der Notwendigkeit einer Änderung der bisherigen Haltung überzeugt: aber. selbst wenn er bei seiner, den Anschauungen seines Suveräns widersprechenden Auffassung beharrt hätte, würde er, wenigstens solange er kaiserlicher Minister war. nie haben wagen dürfen. der französichen Regierung gegenüber eine Sprache zu führen. die mit den Plänen des Monarchen nicht in vollem Einklang gestanden hätte.

Noch also war. wie wir sahen, Leopold durchaus friedlich gesinnt. Dem stürmischen Drängen der Schwester auf Zusammenberufung eines bewaffneten Kongresses gab er keineswegs nach. In Wien hüllte man sich aufs neue in Schweigen.

Abermals bediente man sich Mercys, um die Königin von den Intentionen des Wiener Kabinets zu unterrichten. Der Graf entledigte sich seines Auftrags, wie stets. mit diplomatischem Geschick. Wieder jene Beteuerungen. die man in den Tuilerien schon so oft gehört hatte. von dem guten Willen des Kaisers, der unausgesetzt thätig sei, ein Einvernehmen unter den europäischen Mächten zu erzielen. Die Hoffnung der Königin, dass das Ausland auch reaktionäre Bestrebungen unterstützen könne, erschien ihm eitel: er zögerte nicht zu erklären, dass in Pillnitz von einem Widerstand gegen die Konstitution keineswegs die Rede gewesen sei. (26. Sept 1791.) [2]) Auch hielt Mercy für notwendig. Marie Antoinette daran zu erinnern. dass Österreich

---

[1]) Klinkowström I. 187: Fersen an Taube: je le (Leopold) crois personnellement bien disposé pour agir. mais son ministère le retient, et il n'a pas la force de lui résister, ebenda S. 193: Fersen an Marie Antoinette: la contradiction que vous avez vue entre ses lettres et ce qui se faisait.

[2]) Arneth: S. 214: il n'a pas été question à Pillnitz d'une opposition absolue à la nouvelle constitution.

und Preussen, wenn überhaupt, nur im Falle der Zustimmung
der übrigen Mächte intervenieren würden.[1]) Die Haltung Englands sei eine geradezu feindselige:[2]) auch dem Könige von
Preussen sei wenig zu trauen.[3]) Immer wieder dagegen riet
Mercy zu Verhandlungen mit den auf dem Boden der Monarchie
stehenden Parteien.[4]) Anstatt von dem Einschreiten der
Mächte Rettung zu erhoffen, solle man sich lieber bemühen, auf
jeden Fall die Gunst der Menge zu erringen.[5])

Die Aufgabe Mercys war ohne Zweifel eine äuserst schwierige:
er durfte die Königin durch seine wenig ermutigenden Worte
nicht zur Verzweiflung treiben, musste besonders zu verhindern
suchen, dass jene etwa, von ihrem Bruder im Stiche gelassen,
ohne Rücksicht auf Österreich selbständige Verhandlungen mit
den übrigen Mächten anknüpfte. Es erschien ihm daher zweckmässig, gelegentlich auch einmal zu betonen, dass, trotz der
Ungunst der Verhältnisse, Hoffnung vorhanden sei, dass der
Wunsch der Königin, einen Kongress der Mächte versammelt zu
sehen, noch in Erfüllung gehe. „Der Kaiser ist bestimmt entschlossen," schrieb er am 26. Oktober.[6]) „den Kongress zu
berufen: es ist mehr als wahrscheinlich, dass die Mächte seinem
Vorschlage zustimmen werden."

Mehr wusste Mercy von den Vorgängen am Wiener Hofe
nicht zu melden, oder that vielmehr, als ob er seit langem von
dort keine Nachrichten erhalten habe. Wohl aber schickte er
sich an, die Hoffnungen, die der Inhalt jenes Briefes etwa in der

[1]) Arneth: ebenda: l'intervention de l'Empereur et du roi de Prusse
est liée à la condition d'un concours de la part des autres puissances.

[2]) Arneth S. 231 (14. Dez. 1791): l'Angleterre se prépare à élever de
toute part des obstacles.

[3]) Arneth S. 214: 26. Sept. 1791: il n'est pas démontré qu'on ne
puisse tirer bon parti du roi de Prusse.

[4]) Arneth S. 220: 6. Nov. 1791: il faut un ministère éclairé
et fidèle.

[5]) Arneth S. 213: 26. Sept 1791: il faut à tout prix gagner la
confiance et l'affection du peuple: Arneth S. 220: s'attirer la confiance et
l'affection populaire.

[6]) Arneth S. 217: 26. Okt. 1791: . . l'utilité d'un congrès: il est plus
que probable que les puissances s'y prêteront. On y est très décidé à Vienne.

Königin erweckt hatte, von neuem zu zerstören. Jetzt jedoch
trug weniger die zweideutige Haltung der Mächte die Schuld
daran, dass die Aussichten auf das Zustandekommen des Konzerts
sich immer ungünstiger gestalteten, als — die Haltung des Königs
von Frankreich selbst. Sein ganzes Auftreten, meinte Mercy,
liefere den Beweis, dass er sich mit den Volksvertretern in der
Nationalversammlung eins fühle [1]) und die Konstitution ehrlich
zu halten gewillt sei. Ein solches Benehmen müsse naturgemäss
den Eifer der Mächte vermindern, so dass sich jene nicht weiter
veranlasst fühlen würden, den französischen Angelegenheiten ihre
Aufmerksamkeit zu widmen. [2])

Eine gröbere Entstellung der Thatsachen liess sich nicht
denken. Als ob Mercy nicht gewusst hätte, dass der König, nur
um sich und seine Familie zu retten, die Verfassung acceptiert
hatte, dass Ludwig nur zum Scheine die Bestimmungen der
Konstitution innehielt, um seine Absichten nicht vorzeitig verraten
zu sehen.

Wollte der Schüler etwa seinen Meister, den Kaiser, nach-
ahmen? Hatte jener nicht einst ähnlich gehandelt, seine eigne
Unthätigkeit nicht dem französischen Königspaare, das ihn, den
Kaiser, nicht in seine Pläne eingeweiht habe, zur Last gelegt?
Dieses Verfahren hatte auch Mercy einzuschlagen beliebt. Er
wagte nicht zu bekennen, dass vornehmlich Österreichs laue
Haltung die Mächte veranlasst habe, der Idee eines europäischen
Konzertes mit einer gewissen Gleichgültigkeit gegenüberzustehen.
Und so fand es der Vertreter des Kaisers abermals bequem, den
König von Frankreich für alle üblen Folgen verantworlich
zu machen.

Hochwillkommen war Mercy das Rundschreiben des Staatskanzlers vom 12. November: nunmehr erklärte er, die Maske

---

[1]) Arneth S. 221: 6. Nov. 1791: Depuis l'acceptation presque pure
et simple du roi, on voit que les puissances étrangères se sont un peu
refroidies.

[2]) Arneth S. 223: si cette démarche (die Annahme der Konstitution)
a été spontanée — et sa tournure ne permet pasd'en douter —, alors elle devient
une sommation aux puissances étrangères de ne plus se mêler des affaires
intérieures de la France.

abwerfend, den Zusammentritt eines Kongresses (21. Nov. 1791)
offen für unnütz, ja unmöglich. [1)]

Gleichzeitig aber unternahm jetzt Marie Antoinette. die den
Bruder unumwunden einen Verräter [2)] nannte. jenen Schritt, den
Mercy zu verhindern so ängstlich sich bemüht hatte. An die
Herrscher Spaniens. Schwedens, Preussens und Russlands wandte
sie sich mit der Bitte um Hülfe. [3)] Sie ahnte nicht. — und die
Briefe Mercys waren ja auch nicht darnach angethan. sie an eine
solche Möglichkeit noch denken zu lassen —. dass in eben jenen
Tagen die österreichische Politik eine bedeutungsvolle Schwenkung
vollzogen hatte. Wir haben sie bereits berührt, auch die
Gründe hervorgehoben, die Leopold ein Aufgeben der bisherigen
Politik ratsam erscheinen liessen.

Gleich die ersten Sitzungen der neuen Versammlung zeigten.
von welchem Geiste sie beseelt war: es erfolgte die Annahme
der gegen die eidweigernden Priester [4)] und die Emigranten [5)] be-
antragten Dekrete (9. und 29. November 1791). Gegen beide
Beschlüsse legte der König sein Veto ein: der gläubige Katholik
und der gütige Bruder verleugnete sich nicht. Die Versammlung.
augenscheinlich erbittert, drängte den König auf der Bahn des
Verhängnisses weiter. Man forderte Ludwig auf. die Rechte
und Ehre der Nation zu vertreten gegenüber den die Emigranten
begünstigenden deutschen Reichsständen. [6)] Namentlich an Kurtrier und Kurmainz sollte die Aufforderung gerichtet werden.
unverzüglich den gefährlichen Umtrieben der Emigranten ein
Ende zu machen. (27. Nov. 1791.)

Widerstrebend gab der König nach: einige Tage darauf
(14. Dezember 1791) [7)] machte er der Versammlung die Mitteilung.

[1)] Arneth: 21. November 1791: S. 224: on croit un congrès inutile,
même impossible.

[2)] Klinkowström I, 267: Marie Antoinette an Fersen: Quel malheur que
l'Empereur nous ait trahis!

[3)] Feuillet de Conches IV, 269. 271. 276.

[4)] Buchez et Roux: Histoire parlementaire de la France, XII, 153 ff.

[5)] Buchez et Roux XII, 218.

[6)] Buchez et Roux XII, 392.

[7)] Buchez et Roux XII, 394.

er habe dem Kurfürsten von Trier erklären lassen, dass, wenn er bis zum 15. Januar 1792 nicht allen bewaffneten Ansammlungen ein Ziel setze, er, Ludwig, ihn als einen Feind Frankreichs betrachten und demgemäss behandeln werde. Der Kaiser solle gleichzeitig ersucht werden, sein Ansehen als Oberhaupt des Reiches in die Wagschale zu werfen, um den französischen Forderungen Gehör zu verschaffen. Schlage alle Vermittlung fehl, so bleibe nur übrig, den Krieg zu erklären. Inzwischen werde er, um auf alle Eventualitäten gefasst zu sein, die erforderlichen militärischen Vorbereitungen treffen. Der Kriegs-minister Narbonne bestätigte diese Versicherung, indem er die Aufstellung dreier Armeen und die Namen der zum Oberbefehl ausersehenen Generale verkündete.

Gewiss war die französische Regierung berechtigt, von den solche Ansammlungen duldenden Staaten Aufklärung über ein solches Benehmen zu verlangen, und ebenso wenig liess sich bestreiten, dass jene Klagen über die Begünstigung der Emigranten eine gewisse Berechtigung hatten. Wir sahen schon, welche Mühe Kaunitz hatte, den Übereifer des kriegslustigen Mainzers zu zügeln. Nahe verwandschaftliche Bande verknüpften zudem den Kurfürsten von Trier mit den Häuptern der Partei, Artois und Provence. Der Hofstaat der Prinzen zu Coblenz glich dem eines suveränen Fürsten, und der die Revolution aus tiefster Seele verabscheuende Trierer hatte das unruhige Treiben im Grunde recht gern gesehen.

Jetzt zeigte sich, wie richtig die kaiserliche Politik gewesen war, die den Bestrebungen der Emigranten stets ein entschiedenes Nein entgegen gesetzt hatte. Den Erfolg wenigstens hatte die schroffe Haltung des Kaisers und seines Kanzlers gehabt, dass die Emigranten, in klarer Erkenntnis der Aussichtslosigkeit eines ohne österreichischen Beistand in Scene gesetzten Unternehmens, sich bisher, wenn auch widerstrebend, ruhig gehalten hatten.

In der That, die militärischen Veranstaltungen in jenen Gebieten verdienten schwerlich das gewaltige Aufheben, das man in Frankreich davon machte. Warum waren solche Beschwerden nicht schon längst vorgebracht worden? Trugen die Emigranten nicht schon seit Monaten ihr herausforderndes Benehmen zur Schau? Die Republikaner, die erst in der neuen Versammlung

das Übergewicht erlangt hatten, wollten offenbar einen Bruch
herbeiführen. Sie konnten doch nicht so thöricht sein, zu glauben.
dass, wenn man einzelne Reichsstände ungerechtfertigter Weise
mit Krieg überzog, der Kaiser, das Oberhaupt des Reiches, solch'
frevelhaftes Beginnen ungestraft lassen werde. Darauf vielmehr
ging ihr ganzes Streben hinaus, den wegen seiner Friedensliebe
bekannten Monarchen durch fortgesetzte Provokationen zum
Kampfe zu reizen.

Hatte denn Frankreich die Rechte deutscher Fürsten ge-
achtet, diese nicht in der gröblichsten Weise mit Füssen getreten?
Und versuchte man nicht überall, die Bevölkerung in den an
Frankreich stossenden Gebieten gegen die staatliche Ordnung
aufzuhetzen?

Schon einmal, noch ehe jene offizielle Note erging. hatte
Ludwig XVI. an den Trierer das Ersuchen gerichtet, die feind-
lichen Bestrebungen der Emigranten zu unterdrücken. Die
Antwort musste wohl wenig befriedigend gelautet haben, wenigstens
nennt der König einmal die ihm gewordene Antwort eine
Persiflage. [1] Der erregte Kurfürst hatte jedenfalls nicht jene
Ruhe und Kaltblütigkeit bewahrt. deren sich der Kaiser, im
Interesse der Erhaltung des Friedens. würde befleissigt haben.
Aber war es dem Trierer zu verargen, wenn er, der mehr als
andere die unheilvolle Einwirkung der revolutionären Propaganda
auf sein Land empfand,[2] eine wenig höfliche Antwort erteilt
hatte?

Länger hatte es gedauert. ehe man sich in Wien zu einer
Antwort entschlossen hatte: denn auch dorthin hatte der
französische Minister De Lessart. noch bevor die Versammlung
jene oben erwähnten Beschlüsse gefasst, eine Note gelangen
lassen, die lebhafte Klagen über die Rüstungen der Emigranten
und das trotzige Benehmen der geistlichen Fürsten enthielt.

---

[1] Feuillet IV, 299: Ludwig an Breteuil, 14. Dez. 1791: Celui de
Trèves, à une réquisition pour la séparation des rassemblements. n'a fait
qu'un persiflage en réponse.
[2] Vivenot I, 312: Der Kurfürst von Trier an Leopold, 6. Januar 1792:
j'ai à craindre une invasion et une révolte générale de mes sujets en
même temps.

(14. November 1791.) [1] Der Kaiser ward ersucht, die Schritte
der französischen Regierung an den Höfen von Mainz und
Coblenz zu unterstützen. Der französische Minister hatte sich,
das erkannte man in Wien sofort, redlich bemüht, eine fried-
fertige Sprache zu führen; er teilte die kriegslustige Stimmung
der Mehrzahl der Mitglieder der legislativen Versammlung
keineswegs. Ebenso offenkundig aber war: De Lessart musste
fallen, sobald er auch nur einen Augenblick auf eigne Faust, im
Gegensatz zu den Wünschen der Versammlung, Politik zu treiben
versuchte. Man verhehlte sich in Wien nicht, dass kein König
und kein Ministerium im stande seien, die einmal entfesselten
nationalen Leidenschaften zu bändigen. Selbst Kaunitz erkannte,
dass seine Annahme, den Nachbarstaaten drohe von den
französischen Irrlehren keine Gefahr, eine irrige gewesen sei.
Er überzeugte sich von der Richtigkeit der Politik seines Kaisers.

Welch' eine Wandlung hatte sich vollzogen. Wer hätte
noch vor kurzem geahnt, dass Leopold überhaupt die Möglichkeit
eines kriegerischen Zusammenstosses ins Auge fassen würde?
Kein Ton hatte für seine Ohren hässlicher klingen können als
das inhaltsschwere Wort Krieg, wie denn auch die Armee sich
niemals der besonderen Vorliebe des Monarchen erfreut hatte.
Auf sein Betreiben hin hatten die Mächte vor Jahren die
Neutralität Toskanas proklamiert, und nicht lange darauf war
Leopold, während jene nur der Gedanke einer ständigen Ver-
mehrung ihrer Truppenmacht beschäftigte, zur Auflösung seines
eignen Heeres geschritten. Noch wütete der Krieg gegen die
Pforte, als Leopold des Bruders Erbe übernahm. Ihn beizulegen,
war seine erste Sorge gewesen, denn als seine vornehmste Aufgabe
betrachtete er es, seinen Völkern die Segnungen des Friedens zu
bringen und zu erhalten. Welch' unsägliches Leid die Stürme
eines Krieges über Sieger wie Besiegte bringen, hatte er einst
in jungen Jahren selbst zu beobachten Gelegenheit gehabt. Wie
oft hatte man nicht aus geringfügigem Anlass zum Schwert
gegriffen, wie viel Blut war nicht vergossen worden, um die
unbändige Eroberungslust ehrgeiziger Herrscher zu befriedigen.

[1] Reuss, Teutsche Staatskanzley Bd. 36, S. 111 ff: de Lessart à M.
l'ambassadeur de France à la Cour de Vienne.

Waren, so mochte sich der friedliebende Leopold oft gefragt
haben, die unter den Mächten obwaltenden Differenzen wirklich
stets so ernsthafter Natur, dass sich, bei einigermassen gutem
Willen der Parteien, nicht ein Ausgleich hätte finden lassen?
Musste sich ein gewissenhafter Herrscher nicht die Frage vorlegen, ob der jedesmalige Gegenstand des Streites wahrhaft das
Blut so vieler Tausender und Abertausender lohne? Stand
Österreich etwa das Recht zu, in Frankreich zu intervenieren,
nur weil die französische Nation es gewagt hatte, einer uner-
träglich gewordenen, Jahrhunderte langen Misswirtschaft ein Ende
zu machen? Hatte nicht der aufgeklärte Leopold selbst einst
daran gedacht, Toskana mit einer Konstitution zu beglücken?

Dass bei dem Widerstreit der Interessen und der Erregung
der Gemüter blutige Zusammenstösse sich nicht würden vermeiden lassen, hatte Leopold vorausgesehen; ebenso fest aber
hatte er vertraut, dass auf den Sturm die Stille folgen würde,
sobald nur einmal die wesentlichsten Wünsche der konstitutionellen
Parteien befriedigt seien. Seiner Ansicht nach würde sich die
Volksmenge schwerlich zu gewaltthätigen Ausschreitungen haben
hinreissen lassen, wenn nicht die zweideutige Haltung des Königs
sie mit Misstrauen und Ingrimm erfüllt hätte. Dass es einem
absoluten Monarchen schwer fallen musste, sich mit dem Gedanken einer seine und seiner Unterthanen Rechte scharf
bestimmenden Konstitution vertraut zu machen, leuchtete Leopold
wohl ein; aber durfte Ludwig auch nur einen Augenblick
schwanken, Opfer, und seien es die grössten, zu bringen, wenn
er dadurch die Liebe seines Volkes zurückgewann?

Indes, diese Berechnung Leopolds war verfehlt gewesen:
der König hatte nicht aufgehört zu intrigieren und sich den
Wünschen der Nation zu widersetzen, ja schliesslich durch seinen
Versuch, in der Flucht ins Ausland sein Heil zu suchen, die
wildeste Erbitterung im ganzen Lande entfacht.

Wir haben Leopold als entschiedenen Gegner dieses Fluchtprojekts kennen gelernt; dass ein glücklicher Ausgang des
Unternehmens Frankreich und Österreich in einen Krieg verwickeln musste, war vorauszusehen. Die Monarchie in Frankreich
hätte unter allen Umständen aufrecht erhalten werden müssen;

7*

den eignen Schwager, der als Flüchtling zu ihm gekommen, auf den Thron seiner Väter ¦zurückzuführen, wäre eine Ehrenpflicht gewesen, der sich Leopold unter keinen Umständen hätte entziehen können.

Die Gefangennahme Ludwigs und seiner Familie hatte Leopold dann allerdings mit dem Rundschreiben von Padua beantwortet, das, so drohend seine Sprache auch klang, im Grunde ziemlich belanglos war, weil der Kaiser sein Einschreiten zu Gunsten des gefangenen Königs von Bedingungen abhängig machte, an deren Erfüllung er selbst am wenigsten glauben mochte.

Und fast in der nämlichen Richtung hatte sich auch die Pillnitzer Erklärung bewegt. Nur insofern war Leopold einen Schritt weiter gegangen, als er es für angezeigt erachtet hatte, den republikanischen Heissspornen gegenüber nachdrücklich die Notwendigkeit der Erhaltung eines Königreichs Frankreich zu betonen. Von einer Warnung, sich unerlaubter Einmischung in die Verhältnisse der Nachbarstaaten zu enthalten, ist noch keine Rede. Leopold wusste zwar, dass französische Emissäre für die neue Lehre von Freiheit, Gleichheit und Brüderlichkeit im Auslande eifrige Propaganda machten; allein bisher hatte er es nicht der Mühe für wert gehalten, jenen Bestrebungen besondere Aufmerksamkeit zu schenken. Offenbar ging Leopold von der Annahme aus, jene Agitation sei das Werk einiger besonders feuriger Anhänger des Freiheitsevangeliums, die, nicht zufrieden damit, in ihrem Vaterlande die Lehren eines Rousseau und anderer Apostel der Aufklärung zu predigen, auch Nichtlandsleute von der Wahrheit ihrer überspannten Ideen zu überzeugen bestrebt seien.

Bald genug sollte Leopold erfahren, dass diese Annahme ihn getrogen. Der König zwar hatte die Verfassung beschworen: das letzte Hindernis einer völligen Aussöhnung von Fürst und Nation schien gefallen. Indes es schien auch nur so das Misstrauen, das in weiten Kreisen der Nation Wurzel geschlagen, hatte durch die Annahme der Verfassung seitens des Königs nicht beseitigt werden können. Ludwig, war die allgemeine Meinung, warte nur auf den günstigen Augenblick, um jene erzwungenen Zugeständnisse zu widerrufen. Wir sahen, dass die Wahlen zur legislativen Versammlung in oppositionellem Sinne

ausfielen. Republikaner aber und Kriegspartei waren fortan zwei
Begriffe, die von einander nicht zu trennen waren: die gehässigsten
Schmähungen gegen das Ausland fanden den lautesten Beifall.
Die Gemässigten schwiegen.

Da endlich gingen auch Leopold die Augen auf. Über die
in Frankreich herrschende kriegerische Stimmung konnte er sich
nicht länger einem Zweifel hingeben.[1] Immer eifriger und offenkundiger ward in des Kaisers eigenen Landen die französische
Propaganda betrieben. Leopold erkannte, welch' grosse Gefahr
für die Ruhe seiner Staaten in jener, wie nunmehr deutlich zu
Tage trat, von den Machthabern in Frankreich selbst gebilligten
Bewegung lag. Auch darüber, dass der Streit mit Kurtrier nur
begonnen sei, um einen Konflikt des Reiches mit Frankreich
herbeizuführen, war sich der Kaiser nicht im Unklaren. Es
galt, sich auf alle Eventualitäten gefasst zu machen.[2]

Der bemerkenswerte Umschwung der leopoldinischen Politik
fällt etwa in die zweite Hälfte des November 1791.[3] Galt es
den Frieden zu erhalten, gut; wo nicht, so nahm man auch den
Krieg. War aber Blutvergiessen unvermeidlich, dann sollte
Frankreich zu erfahren bekommen, dass es einen zum Äussersten
entschlossenen Gegner gefunden habe.[4]

Das Wiener Kabinet nahm eine Leopolds Intentionen durchaus entsprechende Haltung ein. Es handelte sich nicht mehr
um ein gemeinsames Einschreiten der europäischen Mächte zu
Gunsten eines gefangenen Monarchen, es galt, Schritte zu ergreifen, um französischen Übermut in die gebührenden Schranken
zurückzuweisen.

Auch aus anderen Gründen hielten Kaiser und Kanzler es
für wünschenswert, die an Frankreich zu richtende Antwort in

---

[1] Wolf, S. 281, Leopold an Marie Christine. 28. Nov. 1791: les Français
paraissent toujours vouloir tenter quelque chose.

[2] Wolf, S. 285, Leopold an Marie Christine, 31. December 1791: ils
(les Français) sont capables de tout, ebenda: quant aux affaires de France,
il n'y a plus rien à attendre de ce côté-là que des malheurs et des folies.

[3] S. Anm. 1.

[4] Wolf, S. 285, Leopold an Marie Christine, 31. Dec. 1791: si jamais
il arrivait quelque chose chez nous, on repoussera les Français avec toute
la vigueur.

würdevollem, energischem Tone abzufassen. Vielleicht befürchtete man, Preussen könne sich die Gunst der Umstände zu Nutze machen und der österreichischen Politik durch selbständiges Handeln zuvorkommen. Österreichs Ansehen im Reiche aber musste unter allen Umständen gewahrt bleiben: es musste der Beweis erbracht werden, dass Leopold als deutscher Kaiser fühle und handle.

Verdiente aber Leopold nicht ein Wohlthäter der Menschheit genannt zu werden, wenn es ihm gelang, eben diesem Reiche die Schrecknisse des Krieges zu ersparen? Konnte Österreichs feste Haltung nicht den heilsamen Einfluss ausüben, dass die Republikaner, das Frevelhafte ihres Beginnens einsehend, von ihren kriegerischen Absichten abliessen, dass die Friedenspartei, eben jene Konstitutionellen, deren Bestrebungen zu fördern Leopold sich stets hatte angelegen sein lassen, die Oberhand gewann? Man wusste in Wien, dass jene auch bereit sein würde, die depossedierten deutschen Fürsten in irgend einer Form zu entschädigen.[1]) Kaunitz erklärte auch offen, man wolle vor allem „der Nationalversammlung einen handgreiflichen Kommentarius der Allerhöchsten Antwort an den König vom 23. Oktober und insbesondere desjenigen, was darin von dem gemeinsamen Interesse und dem Konzerte der fremden Mächte angebracht war, ebenso klar als ernstlich vor Augen legen".[2]) Also weniger die französische Regierung als die kriegslustigen Elemente der Legislative, gedachte der Kanzler zu treffen.

Am 21. Dezember[3]) liess er dem französischen Botschafter Noailles die österreichische Antwort zustellen. Die Grundlage bildete ein inzwischen eingelaufenes Schreiben des Kurfürsten von Trier, das die Hülfe des Kaisers für den Fall eines Angriffs erbat.[4]) Der Trierer führte Klage darüber, dass trotz seiner

---

[1]) Vgl. Vivenot 1, 384: Der friedlich gesinnte De Lessart deutet dies doch offenbar an: L'affaire des princes possessionnés , . . . c'est une affaire à part, et qui doit être traitée sous un autre rapport. In dem betr. Zusammenhang können jene Worte doch nur bedeuten: Wenn Ihr uns über unsere Beschwerden befriedigende Aufklärungen gebt, wird der Friede erhalten bleiben; über die Entschädigungsfrage wird man sich dann schon verständigen.

[2]) Vivenot 1, 308 9.

[3]) Vivenot 1, 566.

[4]) Vivenot 1, 566.

Erklärung, keine militärischen Ansammlungen fortan dulden zu wollen, er beständig der Gefahr eines französischen Angriffs ausgesetzt sei.

Die österreichische Note betonte nun ausdrücklich, dass der Kurfürst gewillt sei, das in den Niederlanden bezüglich der Behandlung der Emigranten bestehende System auch in seinen Landen zur Anwendung zu bringen, dass er aber gleichwohl Feindseligkeiten von seiten Frankreichs zu befürchten habe. Der Kaiser habe daher dem in den Niederlanden stehenden Marschall Bender Befehl erteilt, im Falle eines französischen Angriffs Kurtrier mit allen seinen Truppen zu unterstützen. Man sei zwar von der Friedensliebe des Königs völlig überzeugt, indes seien die täglich gemachten Erfahrungen nicht dazu angethan, eine hinreichende Bürgschaft zu bieten für ein dauerndes Vorherrschen der gemässigten Prinzipien, zumal bei dem Widerstreben mancher Provinzen und Gemeinden, das eine Wiederkehr ähnlicher Vorfälle keineswegs ausschliesse. Der Kaiser liebe Frankreich zu sehr, um nicht zu wünschen, dass es nicht zum Äussersten kommen möge: sollte diese Erwartung täuschen, so würde Frankreich die Folgen zu tragen haben, denn nicht das Reich allein, auch „die übrigen Suveräne, vereint zu gemeinsamem Konzert zwecks Aufrechterhaltung der öffentlichen Ruhe und zur Wahrung der Sicherheit und Ehre der Kronen", würden französische Übergriffe zu verhindern wissen.

In der That, die Sprache des Wiener Kabinets war deutlich und scharf. Die Behauptung von der Insubordination der Munizipalitäten war durchaus zutreffend. Ob es aber, zumal man eine Provokation keineswegs beabsichtigte, politisch klug gehandelt war, diese Unterscheidung zwischen Krone und Nation zu machen, die doch jeder patriotische Franzose als unzertrennbar ansah, das war eine andere Frage. War nicht zu besorgen, dass auch die friedlich Gesinnten in der österreichischen Erklärung eine unbefugte Einmischung des Auslandes in die von den Vertretern des Volkes dem Lande gegebene Verfassung erblicken würden? Setzte sich der Staatskanzler nicht selbst in schroffen Widerspruch mit früher von ihm ausgesprochenen Ansichten?

Indes Kaunitz verfolgte ein bestimmtes Ziel: er hatte den Standpunkt seiner Regierung nicht zum wenigsten darum so rückhaltslos dargelegt, weil er hoffte, dass seine Note die Kriegslust der radikalen Parteien dämpfen werde. Wenn die Wirkung eine durchaus entgegengesetzte war, so trugen daran nicht er, sondern die Republikaner, die den Kampf unter allen Umständen entfachen wollten, die Schuld.

Die Ereignisse überstürzten sich in Frankreich jetzt so sehr, dass die diplomatischen Schritte regelmässig von ihnen überholt wurden und einander kreuzten. Am 23. Dezember[1]) fertigte De Lessart eine neue Note ab, die, Bezug nehmend auf die Beschlüsse des 14. Dezember, die Ankündigung brachte, dass der König sich, trotz der völlig ungenügenden Antwort des Kurfürsten, entschlossen habe, noch einmal den Weg der Güte zu beschreiten. An den Kaiser ward von neuem das Ansinnen gestellt, den Trierer zu einer die französischen Ansprüche zufriedenstellenden Erwiderung zu veranlassen.

Wiederum gab Leopold nach.[2]) Er versprach, den Kurfürsten nochmals an die strikte Erfüllung seines Versprechens mahnen zu wollen. Leopold war entschlossen, bis an die äusserste Grenze ehrenvoller Nachgiebigkeit zu gehen. Eine noch schärfere Tonart indes, meinte Leopold, könne jedenfalls nicht schaden: er gab daher die kategorische Erklärung ab, dass Österreich jeden Angriff auf Trier als Kriegserklärung auffassen und sich ihm mit aller Macht widersetzen werde.[3])

In eben jenen Tagen waren auch aus Belgien Nachrichten eingetroffen, die genauere Kunde von den Vorgängen in der französischen Hauptstadt brachten.[4]) Mercy übersandte Zeitungsabschnitte, welche die im Volke herrschende Stimmung schilderten, und aus denen deutlich zu ersehen war, dass die grosse Mehrheit der französischen Nation den Krieg verlangte. Einst hatte er der Drohung der Königin, dass, bevor nicht in Frankreich die Ruhe wiederhergestellt sei, auch die Wirren in Brabant kein

---

[1]) Reuss, Teutsche Staats-Kanzley, Bd. 36, S. 117.

[2]) Vivenot I, 567: Kaunitz an Noailles, 5. Januar 1792.

[3]) Vivenot I, 568: une invasion des troupes françaises sur le territoire de l'Empire ne pourrait être regardée que comme une déclaration de guerre pour le corps germanique, et . . S. M. ne pourra en conséquence s'empêcher de s'y opposer de toutes ses forces.

[4]) Feuillet IV, 338 ff. (24. Dez. 1791): Mercy an Kaunitz.

Ende nehmen würden, gespottet: er hatte seinen Irrtum bald
genug eingesehen. Als Marie Antoinette jetzt von neuem auf
den engen Zusammenhang beider Bewegungen hinwies [1] (25. November 1791), zögerte er nicht, diese Auffassung zu der seinen
zu machen. Nur den Hetzereien der französischen Demokraten
schrieb er es zu, dass die Versuche des Statthalterpaares, Belgien
zu pacifizieren, noch nach so langer Zeit auf so viele Schwierigkeiten stiessen. [2] Sogar den möglichen Verlust der Niederlande
schien er im Stillen zu besorgen. Der Graf, der stets mit
Entschiedenheit den Gedanken der Nichtintervention vertreten
hatte, unternahm es jetzt, in Wien die Ergreifung schärferer
Massnahmen in Vorschlag zu bringen.

Um so notwendiger erschien ihm ein Aufgeben jener Politik
des Beobachtens und Abwartens, als er von der Königin Mitteilung erhalten hatte über die Eröffnungen, zu denen sie sich
den anderen Höfen gegenüber entschlossen habe. [3] Und durfte
der kaiserliche Hof noch länger unthätig bleiben angesichts der
Gefahr, dass sich eine europäische Koalition bildete, die, Österreich
von der Teilnahme ausschliessend, die Republikaner, diesen
Schrecken der Throne, bis zur Vernichtung bekämpfen würde?
Marie Antoinette gab sich der Hoffnung hin, ihr Bruder werde
aus seiner Unthätigkeit aufgerüttelt werden, wenn er erfahre,
welchen Schritt sie unternommen habe.

Unthätig war nun allerdings der Kaiser schon seit geraumer
Zeit nicht mehr: dass aber die Rücksicht auf die übrigen Mächte
viel dazu beigetragen hat, den Kaiser in seinem Entschluss, eine
stolze, drohende Sprache zu führen, zu bestärken, unterliegt wohl
keinem Zweifel.

Die Briefe der Königin an Mercy, die von jenem nach Wien
weitergesandt waren, hatten auch dort ihren Eindruck nicht

---

[1] Arneth S. 226 (= Rocheterie-Beaucourt II. 335): l'Empereur peut
être assuré qu'il n'aura pas de tranquillité au Brabant tant qu'il n'arrêtera
pas les troubles de la France.

[2] Feuillet IV. 344: je vois avec évidence que l'influence du voisinage
empesté est la seule cause des obstacles que rencontrent les Sérénissimes
Gouverneurs Généraux à rétablir un ordre parfait.

[3] Arneth S. 233 (= Rocheterie-Beaucourt II. 349). 16. Dez. 1791

verfehlt. Alle die „Suppositionen".[1]) auf die gestützt Kaunitz
die Mächte von der Nützlichkeit des von ihm in Vorschlag ge-
brachten „passiven Interimalsystems"[2]) zu überzeugen versucht
hatte, erwiesen sich als irrig. In jeder Zeile stand zu lesen,
was der Kanzler so oft bestritten hatte, dass der König sich
trotz Annahme der Konstitution wahrhaft in einem Zustande
völliger Unfreiheit befinde.[3]) Marie Antoinette hatte darauf
hingewiesen, wie verkehrt es sei, anzunehmen, dass das von
Ludwig eingelegte Veto gegen die Emigranten- und Priester-
dekrete der Versammlung als ein Beweis der Willensfreiheit des
Monarchen anzusehen sei: die Konstitution verleihe zwar dem
Könige das Recht der Einsprache, aber der Protest bleibe unbeachtet.[4])

Die Lage des Königspaares musste in der That eine verzweifelte sein: noch nie hatte Marie Antoinette so dringend, so
rührend des Kaisers Hülfe erbeten. Er allein könne sie retten,
von ihm allein hänge ihr künftiges Geschick ab, hoffentlich werde
er sich als ihr Bruder beweisen und als der wahrhafte Freund
und Verbündete des Königs.[5])

Wenn der Kaiser jetzt noch länger gezaudert hätte, Massnahmen zu ergreifen, welche mit seinen lauten Versicherungen
thätigen Beistands im Einklang standen, so konnte leicht der
Verdacht entstehen, „dass", wie der Kanzler sich ausdrückte,
„des Kaisers Majestät wegen der französischen Angelegenheiten
die Sturmglocke anzuziehen zwar der Erste gewesen, aber auch
in dem Moment, da es zum Ernst kommen soll, im Zurückbleiben
der Erste sind."[6])

[1]) Vivenot I, 331.

[2]) Vivenot I, 333.

[3]) Arneth 234 (Rocheterie-Beaucourt II, 351): mais le roi n'est pas
libre u. a. a. O.

[4]) Arneth 234 (Rocheterie-Beaucourt II, 351).

[5]) Arneth 231/2 (Rocheterie-Beaucourt II, 348 9): notre sort va entièrement être entre les mains de l'Empereur. De lui va dépendre notre
existence future, j'espère qu'il se montrera mon frère et le véritable ami
et allié du roi.

[6]) Vivenot I, 334: Vorlage der Staatskanzlei an die Konferenzmitglieder
vom 17. Jänner 1792.

Aber auch der Ernst der Lage in Belgien bestimmte den Kaiser. Frankreich gegenüber eine kühnere Sprache, als es bisher geschehen, zu führen. Sollte er etwa den Mitteilungen Mercys keinen Glauben schenken? Gab es einen Staatsmann, der die dortigen Verhältnisse besser zu beurteilen verstand als jener? Und wurde vollends die Richtigkeit seiner Darlegungen nicht bezeugt durch die Briefe der Erzherzogin,[1]) in denen es nicht an Klagen über die im Lande herrschende Gährung fehlte? Die Schwester hielt die Lage sogar für derartig bedenklich, dass sie den Kaiser dringend bat, den Bender erteilten Befehl schleunigst zu widerrufen. Nicht einen Mann könne sie missen; ja, es sei wünschenswert, Verstärkungen in jene Gebiete zu senden.[2]) Nur so könne das Land einem äusseren Angriff mit Erfolg widerstehen. Auch das Verproviantierungswesen müsse unbedingt sofort vervollkommnet werden.[3])

Diese Nachrichten riefen, wie begreiflich, in Wien grosse Bestürzung hervor. Leopold erachtete es für geboten, die nötigen Vorkehrungen zu treffen, damit, wenn die Franzosen es sich wirklich einfallen lassen sollten, das Reich oder die niederländischen Provinzen anzugreifen, sie mit blutigen Köpfen heimgesandt werden könnten. Der an Bender gesandte Befehl wurde zwar nicht rückgängig gemacht, aber die entstandene Lücke durch die Sendung neuer Truppenteile ausgefüllt. Weitere Verstärkungen stellte der Kaiser in Sicht.[4]) Auch die Ausbesserung vorhandener Mängel in Bezug auf Verpflegung u. s. w. ward in Angriff genommen.

Der Kaiser bewies, dass er auf alles gefasst sei. Noch immer war das Bündnis mit Preussen nicht definitiv abgeschlossen. Angesichts der drohenden Gefahr drängte Leopold seinen Bot-

---

[1]) Schlitter S. 213: le club des Jacobins et autres cherchent à répandre leur pernicieux système dans toutes nos provinces, Schlitter S. 225, 227 u. a. a. O.

[2]) Schlitter 228. 5. Jan. 1792.

[3]) Schlitter 229 u. a. a. O.

[4]) Wolf S. 293,4: j'ai donné les ordres pour faire compléter vos francs bataillons .... (Le ... janvier 1792). S. 297.

schafter in Berlin, den Fürsten Reuss, den Abschluss so schnell wie möglich herbeizuführen (4. Jänner 1792).[1])

König Friedrich Wilhelm handelte jetzt, wo es einen Angriff auf das Reich abzuwehren galt, in völliger Übereinstimmung mit seinem österreichischen Verbündeten. Er hatte jene Erklärung vorgeschlagen,[2]) die der Staatskanzler an Noailles sandte, dass ein leichtfertig unternommener Angriff auf Kurtrier die Kriegserklärung bedeuten werde. Wahrscheinlich allerdings würde Leopold auch ohne des Königs Aufforderung eine gleiche oder ähnliche Erklärung abgegeben haben.

Wohl rüstete sich also der Kaiser, einen französischen Angriff mit seiner gesamten Streitmacht und im Bunde mit Preussen und andren Staaten des Reiches abzuwehren. Aber die Hoffnung, den Frieden zu erhalten gab er darum noch keineswegs auf.[3]) Die Briefe aus jenen Tagen liefern den untrüglichen Beweis, dass der Kaiser, vertrauend auf den wankelmütigen Charakter der französischen Nation, einen Wandel in der Stimmung der Bevölkerung nicht für ausgeschlossen erachtete. Auch Kaunitz meinte, die Franzosen würden sich, wenn noch ein Funke von Vernunft in ihnen sei, besinnen, es zum Äussersten kommen zu lassen.[4])

In der That gab es eine Partei in Frankreich, die den Bruch mit Österreich zu vermeiden strebte, die Leopolds fried-

---

[1]) Vivenot I, 305: Leopold an Reuss: „Ich wünsche nichts sehnlicher, als mich hierüber mit Sr. Maj. auf das Engste und Kordialste einzuverstehen." Der König soll Bischoffwerder nach Wien, mit aller Vollmacht zum definitiven Abschluss des Bündnisses versehen, senden.

[2]) Vivenot I, 289: Friedrich Wilhelm an den Kurfürst von Trier 29. Dez. 1791: chargeant mon ministre à la cour impériale une déclaration . . . portant en substance: Qu'une invasion hostile des troupes françaises sur le territoire de l'Empire ne pourrait être envisagée que comme une déclaration de guerre.

[3]) Wolf 307: 7. Febr 1792: je me flatte qu'ils n'oseront attaquer ni l'Empire ni les Pays-Bas. (Leopold an Marie Christine).

[4]) Vivenot I, 337: Vorlage der Staatskanzlei an die Konferenzmitglieder vom 17. Jänner 1792: Wenn noch irgend ein gesunder Menschenverstand in Paris übrig ist, so sollte man mit allem Grunde hoffen können, dass es dem König gelingen dürfte, der Nation das Übermass von Gefahren einsehen zu machen, denen sie sich aussetzen würde, wenn sie es zum wirklichen Bruche . . . kommen liesse.

liches Streben vollauf zu würdigen verstand: jene konstitutionell-
monarchische Partei. der von jeher des Kaisers Sympathien
zugewandt gewesen waren. Von neuem unternahmen ihre Führer.
an die Königin heranzutreten mit der Bitte. ein von ihnen ver-
fasstes Mémoire.[1]) das eine ausführliche Darlegung ihrer Anschauungen enthielt. dem Kaiser zu übersenden. Es widerholte
sich dasselbe Schauspiel, das wir schon einmal zu beobachten
Gelegenheit hatten. In ihrer Bedrängnis konnte Marie Antoinette
nicht anders. als dem Wunsche jener zu willfahren. Wiederum
aber hoffte sie. der Kaiser werde erkennen. dass die in jenem
Schreiben entwickelten Grundsätze nicht ihren noch ihres
Gemahls Anschauungen entsprächen.[2]) Abermals sollte sie sich
getäuscht sehen.

Die Ideen der Lameths und ihrer Freunde fanden in Wien
vielen Beifall. Jene betonten. dass die Nation zwar das Recht
gehabt habe. sich aufzulehnen gegen die durch kein Gesetz und
keine Verfassung beschränkte Monarchie; sie verkannten aber
auch nicht. dass man in seinem Streben. die Macht des Königs-
tums zu mindern. zu weit gegangen sei.[3]) und erboten sich. das
Ihrige dazu beizutragen. dem Könige. dem man kaum die not-
wendigsten Attribute seiner Macht gelassen habe. neues Ansehen
zu verschaffen. Die Konstitution aber als solche müsse bestehen
bleiben, wenn auch einige Änderungen zu Gunsten der königlichen Autorität müssten vorgenommen werden. Solle die Herr-
schaft des Königs von Dauer und glücklich sein. so müsse er
dem dritten Stande Vertrauen entgegenbringen; sehe jener. dass
es der Monarch ehrlich meine, so werde er ihn gegen alle inneren
Feinde getreulich unterstützen. Nichts aber könne für Ludwig
verderblicher sein, als ein Angriff des Auslandes, da nur die
extremen Parteien dabei gewinnen würden. Wenn der Kaiser
Frankreich wahrhaft liebe, müsse er sich enger als je mit ihm
verbinden und durch Aufrechterhaltung des Friedens den Beweis

--

[1]) Arneth 269 ff: Januar 1792. (= Rocheterie-Beaucourt II, 364 ff.)

[2]) Arneth 240 (Jan. 1792) = Rocheterie-Beaucourt II, 363: il est
à désirer que vous distinguiez tojours notre intérêt véritable d'avec tout ce
que nous sommes obligés de faire.

[3]) Arneth 270 (Rocheterie-Beaucourt II, 365): les destructions opérées
par la révolution sont justes: seulement elles ont été excessives.

erbringen, dass er mit den gemeingefährlichen Bestrebungen anderer Mächte nichts zu thun haben wolle.

Die Antwort des Kaisers[1]) blieb nicht lange aus. Leopold beteuerte, — und seine Worte waren keine Heuchelei, — dass er in allen Punkten mit den Bestrebungen der konstitutionellen Partei harmoniere.[2]) Dann aber fährt er wörtlich fort: „Die Wiederherstellung des ancien régime ist unmöglich, unvereinbar mit der Wohlfahrt Frankreichs. Die Vernichtung der wesentlichen Grundlagen der Verfassung würde schlecht passen zu der jetzigen Stimmung der Nation und könnte nur das grösste Unglück herbeiführen. Diese Konstitution mit den Fundamentalprinzipien einer Monarchie in Einklang zu bringen, ist das einzige Ziel, das man vernünftiger Weise im Auge haben kann."[3]) Der Kaiser betonte von neuem seine Friedensliebe und schloss mit der Versicherung, dass all sein Bemühen darauf gerichtet sein werde, das Königspaar zu bestimmen, getreu der Konstitution zu regieren und in ein enges Einvernehmen mit den Führern der gemässigten Partei zu treten.[4])

Die Ansicht, dass König Ludwig nach den Bestimmungen der Verfassung regieren müsse, vertrat auch Kaunitz, nicht etwa weil er ein begeisterter Verehrer konstitutioneller Ideen gewesen wäre: aber das Königtum zu neuer, wahrhafter Macht zu erheben, lag nicht im Interesse Österreichs. Diese Anschauung, dass von einer inneren Schwächung Frankreichs Österreich nur Vorteil haben könne, vertrat der Kanzler jetzt eifriger als je. Er citierte die Königin selbst als Zeugin, die ja nichts anderes verlange

[1]) Arneth 282: 31. Januar 1792.

[2]) ebenda: L'Empereur persiste invariablement dans les sentiments qu'il a fait connaître à la reine par sa lettre du 20. août. Ils s'accordent, en tous points, quant au but, qu'on doit se proposer avec les principes qui sont développés.

[3]) Arneth S. 282.

[4]) Arneth S. 287: L'Empereur est le premier à les exhorter de la suivre littéralement et de ne point s'écarter ni des voies légales, ni de l'esprit public, sur ce qui touche la constitution. Mais en même temps il leur conseille de se réunir intimement avec les personnes qui influent par leurs talents et leurs sentiments honnêtes sur le parti modéré.

als „eine erträgliche Ordnung der Dinge." [1]) Es versteht sich
von selbst, dass Marie Antoinette jenen Ausdruck keineswegs
wörtlich genommen hatte, auch wohl nicht erwartete, dass man
in Wien beliebig Worte herausgreifen könnte, um sie in seinem
Sinne zu deuten. Das wusste auch Kaunitz wohl: indes solchen
Skrupeln gab er sich nicht hin. Wie angenehm war es, etwaige
Beschwerden der Königin zurückweisen zu können unter dem
Bemerken, dass sie selbst es so gewünscht habe. Hoffentlich,
meinte er, werde, wenn es gelinge, den Krieg zu vermeiden und
den König zu einem Bündnis mit den Konstitutionellen zu bewegen, für Frankreich daraus „nichts anderes, als eine fort-
währende Fluktuation, Gährung, innerliche Schwäche und äusser-
liche Nullität entstehen"; [2]) ein absoluter König bilde eine stete
Gefahr für die Ruhe Europas, [3]) ein konstitutioneller sei ausser
stande, ohne Zustimmung seines Volkes, Eroberungspolitik zu
treiben.

Während man so in Wien noch immer diskutierte und
hoffte, stiegen die Wogen der nationalen Erregung in Paris höher
und höher. Die Lameths und ihre Freunde kannten offenbar
die Volksstimmung nicht, wenn sie meinten, die grosse Mehrheit
der Nation sei gegen den Krieg. Die Republikaner beherrschten
die Massen, die Erbitterung gegen die Mächte wuchs von Tage
zu Tage. Dass aus des Kaisers Worten dessen Friedensliebe
sprach, wollte man offenbar nicht erkennen. Die legislative
Versammlung bemühte sich einen Anlass zu finden, von neuem
den Streit vom Zaune brechen zu können, und fand ihn.

In der österreichischen Erklärung vom 21. Dezember fand
sich, wie wir sahen, eine Stelle, wo Kaunitz „von den Souveränen,
vereint zu gemeinsamem Konzert zwecks Aufrechterhaltung der
öffentlichen Ruhe und zur Wahrung der Sicherheit und Ehre der
Kronen" gesprochen hatte. In diesen Worten wollte nun die
Kriegspartei eine gegen die Sicherheit und Unabhängigkeit
Frankreichs gerichtete Verschwörung der europäischen Mächte

---

[1]) Arneth: 226: 25. Nov. 1791 (= Rocheterie-Beaucourt II, 335): un
ordre de choses supportable.
[2]) Vivenot I, 340: 17. Januar 1792.
[3]) ebenda.

erblicken. Man wollte eben den Krieg, und selbst ein derartig plumper Vorwand war den planmässigen Hetzern willkommen. Auch die Erklärung des Kaisers über den an den Marschall Bender erteilten Befehl fand man nun auf einmal unbefriedigend. Der schwache König fühlte nicht den Mut in sich, den Frechen zu widerstehen, und liess willenlos alles geschehen.

So ward denn der Antrag gestellt: der Kaiser solle aufgefordert werden, eine bindende Erklärung abzugeben, ob er im Frieden mit der französischen Nation zu leben gedenke, und ob er verzichten wolle auf jedes gegen die Unabhängigkeit, Suveränetät und Sicherheit Frankreichs gerichtete Bündnis. Auch wegen des Bender gewordenen Befehls solle er völlige Genugthuung geben. Bis zum 1. März erwarte man seine Antwort; ein etwaiges Schweigen, sowie jede ausweichende oder zögernde Antwort solle als Kriegserklärung angesehen werden.[1]

Ähnlich lautete die vom französischen Ministerium an den Kaiser gerichtete Note.[2] Wie wusste man doch die Thatsache zu verdrehen. Der Kaiser, führte der Minister De Lessart aus, habe dem Treiben der Emigranten im Trier'schen ruhig zugesehen und diese durch seine Haltung nur ermutigt; der Befehl an Bender sei völlig ungerechtfertigt gewesen, da der Kurfürst von Trier sich gegen „einige von den Munizipalitäten wider den Willen des Königs und der Nation begangene Ausschreitungen"[3] selbst zu schützen im stande sei. Man müsse auch Aufklärung verlangen darüber, was der Kaiser unter dem „Konzert" der Mächte, die sich im Interesse der Ehre ihrer Kronen vereinigt hätten, verstehe. Krieg wolle man nicht, aber wenn der Kaiser keine beruhigende Erklärungen abgebe, sehe man sich gezwungen, an Österreich den Krieg zu erklären.

So wagte man den friedfertigen Leopold als Friedensstörer hinzustellen. Man forderte, dass er sich, wie ein Untergebener, der sich vergangen hat, entschuldigte. Man mutete ihm eine Demütigung zu.

---

[1] Buchez et Roux XIII, 60.
[2] Vivenot I, 380; 21. Januar 1792.
[3] Vivenot I, 380/1: quelques violences . . . commises par des municipalités contre l'intention de la nation et du Roi . . . dont l'Electeur pourrait aisément se défendre avec ses propres moyens.

Soweit sollte man denn doch seinen Frevelmut nicht getrieben haben. Wenn Frankreich unbedingt den Krieg wollte, Österreich und seine Verbündeten würden nicht davor zurückschrecken. Mochte die Wirkung der Antwort, die man jener Anmassung nicht schuldig bleiben wollte, sein, welche sie wollte, den Kaiser und sein Ministerium konnte jedenfalls nicht der Vorwurf treffen, den Krieg leichtsinnig heraufbeschworen zu haben. Der Kaiser stand vor der Alternative, schmählich nachzugeben oder den ihm hingeworfenen Handschuh aufzuheben. Die Wahl konnte nicht zweifelhaft sein.

Einige Tage, bevor die österreichische Note abging, am 7. Februar 1792, war endlich das Defensivbündnis mit Preussen zu stande gekommen.[1]) Einer der wichtigsten Artikel enthielt die Bestimmung, dass, wenn der Feind Gebietsteile eines der beiden Verbündeten angreife, der andre verpflichtet sein solle, mit seiner gesamten Streitmacht dem Bedrohten zu Hülfe zu kommen. Gegen wen unter den obwaltenden Umständen diese Bestimmung nur gerichtet sein konnte, lag auf der Hand. Die preussische Hülfe sicherte dem Hause Habsburg den Besitz seiner niederländischen Provinzen. Der preussische König verpflichtete sich auch, an demselben Tage, wo der österreichische Geschäftsträger die Antwort seiner Regierung überreichen werde, durch seinen Gesandten eine gleichlautende Erklärung abzugeben.

Am 17. Februar 1792[2]) ging die österreichische Antwort, die Frankreich die Entscheidung über Krieg und Frieden anheimstellte, nach Paris ab. Der ganze Ernst der Lage spiegelt sich in dem Schreiben wieder. Bezüglich des an Bender erteilten Befehles weist Kaunitz mit Entschiedenheit den Vorwurf einer Unterstützung der Emigranten seitens des Kaisers zurück. Jener Befehl sei nur für den Fall, dass Frankreich den Kurfürsten von Trier angreife, erteilt worden. Die früher hierüber abgegebenen Erklärungen hätten an Deutlichkeit nichts zu wünschen übrig gelassen, man wolle sich aber scheinbar in Frankreich davon nicht überzeugen lassen.

---

[1]) Martens, Recueil des traités. Supplément II. S. 172 ff und Ranke, Revolutionskriege S. 276.
[2]) Vivenot I, 372.

Dann folgen die uns schon aus der Cirkular-Depesche bekannten Auseinandersetzungen über das Konzert der Mächte, dessen Erwähnung so viel böses Blut gemacht hatte. Seit dem Tage, an dem der König die Verfassung beschworen habe, habe auch jenes Konzert nur „eventuell"[1] weiterbestanden. „Solange", fährt Kaunitz fort, „Frankreichs innere Lage sich täglich mehrende Symptome von Unbeständigkeit und Gährung zeigt, so lange werden auch die Frankreich befreundeten Mächte begründete Ursache haben, für den König und die königliche Familie eine Wiederkehr jener unglücklichen Zustände besorgen zu müssen, unter denen sie mehr als einmal zu leiden gehabt haben, und für Frankreich selbst das grösste Unglück, das einen Staat treffen kann, die Pöbelherrschaft."[2]

Das erlösende Wort war gesprochen, und nun folgt ein heftiger Angriff[3] gegen die Republikaner, in denen Kaunitz die Urheber all des über Frankreich hereingebrochenen Unglücks erblickt. Sie arbeiteten, erklärt er, systematisch auf den Krieg hin, weil sie an der Erreichung ihrer verbrecherischen Ziele in Friedenszeiten verzweifelten. Der Kaiser setze das gewaltthätige Vorgehen Frankreichs allein auf die Kosten jener, nicht auf die der grossen Majorität des Volkes, die hoffentlich vernünftig genug sei, das Thörichte ihrer Handlungsweise einzusehen. Würde diese Hoffnung aber fehlschlagen, so erinnere der Kaiser Frankreich daran, dass er jedem ungerechter Weise angegriffenen Reichsfürsten beistehen und diejenigen verantwortlich machen würde, welche die Feindseligkeiten provozierten. Zum Schlusse ward die völlige Harmonie Österreichs mit Preussen in dieser Frage betont.[4]

Eine weniger energische Sprache durfte Österreich, wenn es seiner Ehre nichts vergeben wollte, nicht führen. Vielleicht gelang es noch, das drohende Unheil abzuwenden, einen Krieg zu vermeiden, der, wenn einmal ausgebrochen, von den Parteien mit der grössten Erbitterung geführt werden musste, und der

---

[1] Vivenot I, 375: le concert n'a plus subsisté qu'éventuellement.
[2] Vivenot I, 375/6.
[3] Vivenot I, 376,7.
[4] Vivenot I, 378 9.

in jedem Falle unsägliches Elend über die beteiligten Nationen
brachte. Es musste der Entscheidungskampf werden zwischen
dem alten und neuen Europa: Leopold und sein Kanzler waren
sich der ganzen Schwere ihrer Verantwortung wohl bewusst.
Die Hand am Schwerte, so standen sich die Gegner gegenüber.

Indes, die Tage des Kaisers waren gezählt: ein gütiges
Geschick bewahrte ihn davor, die Friedenshoffnungen, die er
immer noch nicht völlig aufgegeben hatte, an dem starren Sinne
der französischen Nation scheitern zu sehen. Am 1. März 1792
ist Kaiser Leopold plötzlich verschieden; die letzte Hoffnung auf
eine friedliche Lösung war geschwunden.

VITA.

Ich, Adalbert Schultze, wurde am 2. Januar 1876 zu Hannover geboren, als Sohn des Architekten Oskar Schultze. Ich besuchte daselbst das Gymnasium Lyceum II, das ich Ostern 1894 mit dem Zeugnis der Reife verliess, um mich dann auf der Universität Marburg dem Studium der Geschichte und neueren Sprachen zu widmen. Michaelis 1895 bezog ich die Universität Leipzig. Seit dem Wintersemester 1896 habe ich in Göttingen studiert.

Vorlesungen hörte ich bei den Herren Professoren Frhr. v. d. Ropp, Wenck, Naudé, Stengel, Vietor, Köster, Fischer in Marburg; Marcks, Seeliger, Lamprecht, Wülker, Birch-Hirschfeld in Leipzig; M. Lehmann, Kehr, Busolt. Stimming, Morsbach, W. Meyer, Baumann, G. E. Müller, Knoke in Göttingen.

An seminaristischen Übungen nahm ich teil bei den Herren Professoren M. Lehmann, Kehr, Busolt, W. Meyer, Stimming und Morsbach.